DES RÈGLES

DE

COMPÉTENCE

APPLICABLES AUX ÉTATS

ET AUX SOUVERAINS ÉTRANGERS

PAR

GASTON PIOT

DOCTEUR EN DROIT

AVOCAT A LA COUR D'APPEL.

PARIS

IMPRIMERIE F. LEVÉ

17, RUE CASSETTE, 17

1887.

DES RÈGLES

DE

COMPÉTENCE

APPLICABLES AUX ÉTATS

ET AUX SOUVERAINS ÉTRANGERS

PAR

GASTON PIOT

DOCTEUR EN DROIT

AVOCAT A LA COUR D'APPEL.

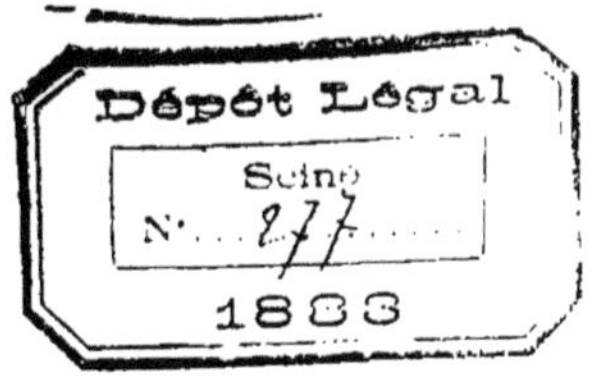

PARIS

IMPRIMERIE F. LEVÉ

17, RUE CASSETTE, 17

1887.

INTRODUCTION

Le pouvoir de rendre la justice est une des attributions les plus importantes de l'Etat. Il correspond au premier besoin d'une société, l'ordre ; c'est lui qui le maintient en offrant aux particuliers le moyen de faire respecter leur droit sans recourir à la violence ; dès que des tribunaux sont organisés, l'ère des guerres privées est close : on peut obtenir justice sans être obligé de se la faire à soi-même. Désormais la force est au service du droit.

Mais ces avantages ne seraient qu'imparfaits et incomplets, si la justice d'un Etat n'était compétente que pour trancher les questions litigieuses qui intéressent les nationaux : sa juridiction doit s'étendre aux procès dans lesquels des étrangers sont engagés. Cette nécessité a été reconnue par la plupart des législations.

Si l'on cherche à grouper les différentes contestations qui peuvent amener des étrangers devant les tribunaux, on trouve qu'elles se rapportent à des actions réelles immobilières, à des actions mixtes, à des actions personnelles ou réelles mobilières.

S'il s'agit d'actions réelles immobilières, les tribunaux français sont compétents, car d'après l'article 593 du Code de procédure « en matière réelle, le défendeur doit être assigné devant le tribunal de la situation de l'objet litigieux. » On comprend aisément que les tribunaux français soient compétents : la juridiction d'un Etat doit s'étendre sur tous les immeubles situés sur son territoire.

Nous n'avons pas à examiner ici la nature des actions mixtes : nous supposons que toutes les controverses qu'elle soulève sont tranchées. L'action mixte pourra toujours être portée devant les juges français, s'il s'agit d'un immeuble situé en France.

Les tribunaux français sont aussi compétents pour juger le règlement des actions personnelles ou réelles mobilières. Si l'étranger est demandeur contre un Français, la compétence de nos tribunaux est reconnue par l'article 15 : « Un Français pourra être traduit devant un tribunal de France pour des obligations par lui contractées en pays étranger, même un étranger. »

Cette règle n'est pas spéciale à notre droit : dans tous les pays civilisés, l'étranger est admis à poursuivre en justice contre les nationaux l'exécution des obligations par eux contractées à son profit (1).

Il en est ainsi notamment en Belgique où le Code civil est en vigueur, en Italie où l'égalité de l'étranger et du national pour la jouissance des droits civils est proclamée dans l'article 3 du nouveau Code.

Les Pays-Bas, le Portugal, la Suède, la Grèce, l'Allemagne, l'Autriche, le Brésil admettent aussi les étrangers à se présenter comme demandeurs devant leurs tribunaux.

Dans le cas où le Français est demandeur, la question de compétence est réglée par l'article 14 : « L'étranger, même non résidant en France, pourra « être cité devant les tribunaux français pour l'exé- « cution des obligations par lui contractées en France « avec un Français; il pourra être traduit devant les « tribunaux de France pour les obligations par lui « contractées en pays étranger envers les Fran- çais. »

L'article 15 consacrait le principe : *Actor sequitur forum rei.* L'article 14 est au contraire un privilège pour les Français. Le législateur a voulu leur éviter les frais et la perte de temps que leur aurait occa- sionnés la nécessité de soutenir un procès à l'étranger.

FŒLIX, t. Ier, n° 128, p. 282.

Quelques législations étrangères ont adopté des dispositions semblables à notre article 14. L'article 127 du Code des Pays-Bas porte « qu'un étranger, même non résidant dans les Pays-Bas peut-être cité devant le juge néerlandais pour l'exécution des obligations par lui contractées envers un Néerlandais, soit dans les Pays-Bas, soit en pays étranger (1). »

En Pologne, l'article 13 du Code civil décide que l'étranger, même non résidant en Pologne, pourra être cité devant les tribunaux polonais pour l'exécution des obligations par lui contractées dans ce royaume. L'étranger ne pourra être traduit devant les tribunaux polonais pour les obligations par lui contractées en pays étranger envers des Polonais, qu'autant qu'il sera présent dans le royaume ou que ses biens s'y trouveront (2).

L'article 14 du Code civil fut longtemps en vigueur en Belgique : la loi du 25 mars 1876 l'abrogea en tant qu'il permettait au Belge de traduire l'étranger devant les tribunaux de Belgique alors même qu'il n'avait dans ce pays ni domicile ni résidence ; toutefois la loi belge ne permet à l'étranger de décliner

(1) Fœlix, t. Ier, no 187, p. 380. — *Ruvue Dr. int.*, 1875, t. VII, p. 412.
(2) Fœlix, t. Ier, no 187, p. 379.

la juridiction belge qu'autant que le Belge lui-même peut décliner la juridiction étrangère.

En Italie, le principe de l'article 14 a été rejeté lorsque l'acte a été fait et doit être exécuté hors de l'Italie et que le défendeur ne se trouve pas dans ce pays, mais d'après l'article 1053 du Code de procédure italien, l'étranger, même non résidant en Italie, peut être assigné devant les autorités judiciaires de ce pays dans tous les cas où cela peut se faire par réciprocité, par exemple quand il s'agit d'un Français (1).

La jurisprudence anglaise ne connaît pas des demandes fondées sur un contrat passé à l'étranger quand le défendeur ne réside pas en Angleterre.

Les tribunaux russes connaissent de toutes les demandes dirigées contre un étranger résidant en Russie (2).

Nous ne nous sommes occupés jusqu'ici que des actions civiles. S'il s'agissait de crimes et de délits, les tribunaux nationaux seraient compétents. « Un étranger, disait Portalis dans l'exposé des motifs de l'article 3 du Code civil, devient le sujet casuel de la loi du pays dans lequel il passe ou dans lequel il réside. Dans le cours de son voyage ou pendant le temps

(1) *J. Dr. int.* 1874, p. 176.
(2) Fœlix, t. Ier, p. 313.

plus ou moins long de sa résidence, il est protégé par cette loi, il doit donc la respecter à son tour : l'hospitalité qu'on lui donne appelle et force sa reconnaissance. »

La loi française ne s'occupe pas de l'hypothèse ou une contestation s'éléverait en France entre deux étrangers. Les tribunaux français seraient-ils compétents ?

Certains cas ne sont pas douteux. D'abord, s'agit-il d'une contestation entre étrangers qui ont en France un domicile autorisé, les tribunaux français seront compétents.

Ils le sont aussi d'après l'opinion générale s'il s'agit d'une affaire commerciale, car l'intérêt du commerce exige que les commerçants puissent trouver des juges en tout pays; l'article 631 du Code de commerce ne se préoccupe pas de la nationalité du plaideur pour fixer la compétence des tribunaux de commerce. La même règle de compétence est admise quand la contestation est relative à des immeubles situés en France, et quand la demande a son fondement dans un délit ou un quasi-délit commis en Erance.

Dans les autres cas nous croyons qu'il faut admettre, malgré la jurisprudence contraire, que les tribunaux français sont en principe compétents pour statuer sur les contestations entre étrangers, et qu'aucune loi n'ayant établi des règles spéciales à leur égard, les dispositions des articles 59 et 420 du Code de procédure civile sont applicables aux étrangers comme aux Français.

En Belgique, la nouvelle loi de procédure du 25 mars 1876 repose sur ce principe que l'étranger est en général placé sur la même ligne que le Belge, au point de vue de l'administration de la justice.

L'article 3 du Code civil italien assimile l'étranger au régnicole pour la jouissance des droits civils. Les règles de compétence sont écrites dans les articles 105 à 107 du Code de procédure qui se rapportent aussi bien au cas où l'étranger est actionné par un autre étranger qu'à celui où il l'est par un national.

Les tribunaux anglais se déclarent compétents, non-seulement pour statuer sur les actions réelles, quand les biens, meubles ou immeubles, se trouvent en Angleterre, mais encore pour connaître de l'action personnelle d'un étranger contre un autre étranger, même si l'obligation est née à l'étranger.

Les règles de compétence que nous venons d'exposer souffrent des exceptions.

Des traités diplomatiques peuvent poser des règles de compétence spéciales aux nationaux des deux pays contractants. Le 15 juin 1869, la France et la

Suisse signèrent un traité dont l'article premier était ainsi conçu : « Dans les contestations en matière mobilière et personnelle, civile ou de commerce qui s'élèvent soit entre Français et Suisses, soit entre Suisses et Français, le demandeur sera tenu de poursuivre son action devant les juges naturels du défendeur. »

Le traité du 11 janvier 1787 conclu avec la Russie, et le traité du 6 juin 1843 avec la République de l'Équateur dérogent à l'article 14. D'après l'article 6 du traité d'amitié et de commerce conclu le 17 novembre 1844 entre la France et les Etats de Mascate, si un Français est défendeur, le consul français est compétent ; si le Français est demandeur contre un sujet des Etats de Mascate, la cause est jugée par le sultan de Mascate ou par une personne qu'il désigne.

Des règles spéciales de compétence se trouvent aussi dans le traité d'amitié, de commerce et de navigation conclu avec la Chine le 27 Juin 1858, art. 35, dans le traité conclu avec le royaume de Siam le 15 août 1856, art. 8, et dans le traité du 9 octobre 1858, art. 7, avec le Japon.

Ces exceptions ne sont pas les seules. Nous n'avons parlé jusqu'ici que des étrangers, simples particuliers.

Les règles de compétence qui leur sont applicables
le sont-elles aussi aux Etats et aux souverains étrangers ? On comprend assez aisément qu'un Etat
renonce à son droit de juridiction sur ses propres su·
jets, quand ils sont engagés dans des affaires dont le
règlement se poursuit à l'étranger; mais il est plus difficile de décider si un Etat étranger doit être soumis
à la juridiction de tribunaux qu'il n'a pas institués et
qui relèvent d'une autre autorité que la sienne :
c'est la question que nous nous proposons d'examiner.

Elle se pose assez fréquemment, car le rôle de
l'Etat ne se borne pas à commander. L'Etat est aussi
amené à faire ce que de simples particuliers font
pour leur propre compte : il vend, il achète, et, si ses
ressources ordinaires ne lui permettent pas de suf-
fire à ses dépenses, il emprunte.

Si un Etat fait toutes ces opérations dans l'intérieur du pays auquel il commande, les contestations
qui peuvent en résulter sont portées devant les tribunaux de ce pays, d'après des règles de compétence
que nous n'avons pas à examiner ici.

Mais un Etat ne se borne pas à contracter avec
ses nationaux ; il a aussi des rapports juridiques avec
des étrangers : par exemple, l'industrie nationale peut
n'être pas assez développée pour lui fournir les objets

dont il a besoin dans tel ou tel cas; il préfère avoir recours à des maisons étrangères dont les produits sont connus et appréciés dans le monde entier. Si un litige s'élève, quelle sera la juridiction compétente?

Pour lui procurer les ressources que le crédit peut lui fournir, un Etat s'adresse souvent aux capitalistes étrangers : réduire au marché du pays la négociation d'un emprunt, diminuerait ses chances de succès ; il y a même des Etats qui n'inspirant confiance qu'aux prêteurs qui vivent loin d'eux, et ne trouvant pas dans leur pays les ressources suffisantes pour couvrir les emprunts qu'ils émettent, ne les négocient qu'à l'étranger. Si un procès s'élève entre l'Etat emprunteur et les prêteurs étrangers, cet Etat devra-t-il se laisser actionner par les prêteurs étrangers devant les tribunaux de leur pays, ou bien les prêteurs ne pourront-ils s'adresser qu'à la justice de l'Etat avec lequel ils ont contracté ?

Notre question se pose aussi lorsque l'Etat a fait des actes de commerce : elle a été également soulevée par des plaideurs qui voulaient traduire devant les tribunaux un Etat étranger, à raison de ses actes de souveraineté.

D'ailleurs l'état étranger se sert souvent de l'intermédiaire d'agents, comme les banquiers qu'il charge de négocier ses emprunts : ces banquiers jouissent-ils d'une immunité de juridiction et dans quelle mesure ?

Quand les tribunaux nationaux sont compétents, si leur sentence est défavorable au gouvernement étranger, comment sera-t-elle exécutée ?

Telles sont les questions que nous examinerons dans une première partie.

Dans une seconde partie, nous nous occuperons des souverains étrangers.

Une troisième partie sera consacrée à l'examen de l'immunité de juridiction du Pape hors de l'Italie et de la situation particulière que la loi des garanties a faite en Italie au Pape, aux congrégations et administrations pontificales et aux cardinaux.

Nous terminerons cette étude par l'examen d'un projet de loi récemment discuté en Allemagne, qui se rattache à notre sujet.

PREMIÈRE PARTIE

DES ÉTATS ET DES ADMINISTRATIONS QUI EN DÉPENDENT. — DE LEURS AGENTS.

Deux cas peuvent se présenter : l'État étranger est demandeur ou défendeur. Dans les deux cas, les règles ne sont pas les mêmes : nous les examinerons successivement.

———————

CHAPITRE PREMIER.

L'ÉTAT ÉTRANGER EST DEMANDEUR.

Dans ce cas, les tribunaux se déclarent compétents : leur jurisprudence nous paraît fondée. La cause de l'immunité de juridiction des Etats étrangers quand ils sont défendeurs, c'est, nous le verrons tout à l'heure, l'indépendance des nations les unes vis-à-vis des autres. Souverain, un Etat ne peut pas être traduit devant des tribunaux qu'il n'a pas institués. Mais, s'il consent à porter devant eux la connaissance du procès qui l'intéresse, pourquoi ne pourrait-il pas le faire ? Son indépendance est protégée par l'exemption de juridiction : s'il croit que cette protection lui est inutile et s'il la rejette, libre à lui.

S'il se porte demandeur, les tribunaux nationaux se déclarent compétents.

Au siècle dernier un arrêt du Parlement de Paris retint la connaissance d'une affaire intéressant le prince régnant de Hohenzollern.

La question s'est représentée depuis et elle a été jugée dans le même sens. Le 13 avril 1867, la Cour de Paris confirmant un arrêt du tribunal civil de la Seine, en date du 21 février 1866, jugea l'affaire suivante. De 1826 à 1831, le gouvernement espagnol avait chargé de la conduite de diverses opérations financières M. Aguado, marquis de Las Marismas. Il remettait au gouvernement espagnol des comptes annuels : le dernier, daté du 6 décembre 1832, se soldait par une somme de 14.385.410 fr. 75 c. dont M. Aguado se disait créancier. Le gouvernement espagnol réclama, sans recevoir satisfaction. Le 16 novembre 1863, il intenta une demande contre Mme veuve Aguado et les héritiers Aguado : il récla-

mait la rectification des comptes fournis, et prétendait qu'il était créancier de 3.611.201 fr. L'exception
d'incompétence ne fut pas proposée par les défendeurs; mais en statuant sur l'affaire qui lui était sou_
mise par le gouvernement espagnol, le tribunal de
la Seine a très nettement montré qu'il était d'avis
qu'un Etat étranger peut se porter demandeur devant les tribunaux nationaux (1).

L'année suivante, la questio nse représenta devant
le tribunal de la Seine qui, cette fois, se déclara expressément compétent. Les Etats-Unis réclamaient à
M. Arman la restitution de 2.800.000fr. représentant
pour deux cinquièmes les sommes reçues des Confé-
dérés en échange de navires construits pour eux,
contrairement aux principes du droit des gens, car
cette fourniture de navires par un armateur français, n'était pas conforme aux devoirs des neutres. Le
tribunal motiva ainsi sa décision : « Attendu, dit-il,
que les Etats-Unis se prétendent personnellement
propriétaires des sommes dont ils demandent la restitution : que, sans rien jpréuger sur le fond de leur
demande, cette prétention leur donne qualité suffi-
sante pour agir. »

La jurisprudence anglaise est fixée dans le même

(1) DALLOZ, 1867, II, 51.
(2) *Le Droit*, 13, 21, 27, 28 juin; 12, 19, 20, 21, 30 juillet 1868.

sens. En 1826, le vice-chancelier rendit la décision suivante : « Un Etat étranger a droit, tout aussi bien « qu'un particulier, à l'assistance de la Cour pour « faire valoir ses droits ; mais il faut que son recours « en justice ait lieu de façon à ce que la Cour puisse « rendre justice aux défendeurs. Ce recours doit se « faire au nom de quelques officiers publics, qui se- « raient autorisés à représenter les intérêts de l'Etat « en question, auxquels on pourrait signifier un « exploit de la part des défendeurs et qui pourraient « être appelés à répondre à une contre-action (*cross* « *bill*) de la part des défendeurs (1). »

Les tribunaux anglais se sont encore déclarés compétents dans le procès des Etats-Unis contre Prioleau, 5 juillet 1866, et dans le procès des Etats-Unis contre Trait (Cour du Banc de la Reine, mai 1869).

Compétents si l'état étranger est demandeur, les tribunaux le sont aussi, si une demande reconven-tionnelle est jugée contre lui : cependant il est alors défendeur ; mais c'est à la suite d'une demande qu'il a intentée lui-même : la demande reconventionnelle est liée à la demande principale, et les mêmes règles lui sont applicables.

(1) Cité par LAWRENCE. — *Eléments de droit international*, t. III, p. 422.

Si l'Etat demandeur a perdu son procès, les tribunaux n'hésitent pas à le condamner aux dépens. (Cour de Paris, 13 avril 1867. Gouvernement espagnol contre Aguado et tribunal de la Seine, 29 juillet 1868, Etats-Unis d'Amérique contre M. Arman). Il eût été difficile, en effet, de laisser les Etats étrangers plaider, et s'ils perdaient, de ne pas les condamner aux dépens : c'eût été contraire à tous les principes : c'eût été encourager ces Etats à multiplier des procès dans lesquels ils ne risquaient rien puisqu'ils étaient sûrs de ne pas en supporter les frais : c'eût été comme une prime donnée au plaideur téméraire. Il ne faut donc pas s'étonner que la jurisprudence, admettant l'Etat étranger à plaider dans les procès où il était demandeur, l'eût condamné aux dépens s'il succombait. La conséquence était forcée.

Quand un étranger est demandeur devant les tribunaux français, il est soumis à l'obligation de fournir la caution *judicatum solvi*, sauf dans des cas exceptionnels, comme la possession en France d'immeubles suffisants. La caution *judicatum solvi* est exigée par un assez grand nombre de législations : ainsi elle existe en Belgique ; mais le nouveau Code de procédure doit contenir une disposition qui dispensera l'étranger de fournir caution. Les Pays-Bas, la Grèce, l'Allemagne, le Pérou, le Brésil, les

Etats-Unis exigent aussi la caution *judicatum solvi*.

On comprend que l'étranger qui ne possède dans le pays où il plaide aucun bien immeuble aurait pu disparaître, soit depuis le jugement, soit même avant, et se soustraire à l'obligation de payer les frais et les dommages-intérêts auxquels il aurait pu être condamné si le procès lui avait été défavorable.

Nous croyons que la caution *judicatum solvi* devra aussi être exigée des Etats étrangers demandeurs. Il ne saurait être question ici de privilèges internationaux, car en se portant demandeurs devant les tribunaux, les Etats étrangers se sont tacitement soumis aux lois du pays dont ils ont accepté la juridiction. D'ailleurs, les motifs de la garantie fournie par la caution *judicatum solvi* se retrouvent ici avec toute leur force; ils sont même plus puissants, car, comme nous le verrons dans un chapitre suivant, la qualité de l'Etat demandeur peut être une entrave à l'exécution du jugement.

Mais alors, une autre question se pose. Des traités diplomatiques peuvent dispenser les étrangers demandeurs de l'obligation de fournir caution. L'article 22 du 24 mars 1760 entre la France et la Sardaigne avait ce but. Il est toujours en vigueur, et ses effets doivent être étendus à tous les sujets du royaume d'Italie.

Les Suisses sont aussi dispensés de fournir la caution *judicatum solvi* en France, et réciproquement les Français en Suisse (traité du 15 juin 1869).

La France a signé des traités du même genre avec le Chili (1), la République de Guatémala (2), l'Etat de Costarica (3), la République Dominicaine (4), le Portugal (5), la Perse (6), le Honduras (7), la Nouvelle-Grenade (8), le royaume de Siam (9), les îles Sandwich (10), le San-Salvador (11), le Nicaragua (12), l'Espagne (13), la Russie (14).

Si un de ces Etats se portait demandeur devant les tribunaux français, jouirait-il du privilège qu'il a stipulé pour ses nationaux? serait-il dispensé de fournir caution? Nous croyons qu'il serait difficile de ne pas l'admettre au bénéfice du traité qu'il a conclu pour ses sujets. Demandeur, l'Etat étranger disions-nous, n'a droit à aucun privilège, car il s'est soumis à la juridiction des tribunaux devant lesquels il se présente; mais il ne faut pas non plus qu'il soit moins bien traité que ses nationaux.

(1) 15 septembre 1846, art. 3. — (2) 8 mars 1848, art. 4. — (3) 12 mars 1848. — (4) 8 mai 1852. — (5) 9 mars 1853, art. 3. — (6) 12 juillet 1855, art. 5. — (7) 22 février 1856, art. 4. — (8) 15 mai 1856, art. 4. — (9) 15 août 1856, art. 1. — (10) 29 octobre 1857, art. 4. — (11) 2 janvier 1858, art. 4. — (12) 11 avril 1859, art. 4. — (13) 7 janvier 1862, art. 2. — (14) 1 avril 1874, art. 2.

CHAPITRE II.

Si l'état étranger est défendeur, la question de
compétence des tribunaux nationaux ne peut pas
être toujours résolue de la même façon ; il faut distinguer.

Trois hypothèses peuvent se présenter : il s'agit
d'actes de souveraineté, de contrats ou d'actes de
commerce.

SECTION I. — *Les tribunaux nationaux sont incompétents pour juger les actes de souveraineté
d'un Etat étranger.*

L'Etat peut être considéré sous un double aspect :
comme pouvoir politique et comme personne civile.
Dans le premier cas, il ne peut pas être soumis à un
contrôle ; en souffrir un serait contraire à son droit
et à son devoir : ce serait, de la part de l'Etat qui
l'exercerait, empiéter sur les droits d'un autre Etat,
de la part de celui qui le supporterait, se mettre en

tutelle et trahir sa mission. Souverain, un gouvernement ne peut être soumis à l'intérieur qu'à un contrôle organisé par les lois constitutionnelles : à l'extérieur, il faudrait pour atteindre ce but, une convention internationale ; mais l'Etat ne pourrait la signer qu'en abdiquant son indépendance.

Ce ne sont pas seulement les Etats souverains qui ne doivent pas être soumis à la juridiction des tribunaux étrangers. La même règle doit être appliquée aux Etats mi-souverains, du moins dans leurs rapports avec d'autres Etats que celui dont ils relèvent. Le traité qui lie l'Etat mi-souverain à l'Etat suzerain est pour les autres *res inter alios acta*. Ils doivent s'abstenir de tout acte qui pourrait être considéré comme un acte d'ingérence dans l'administration de l'Etat mi-souverain.

Le principe de l'indépendance des Etats considérés comme pouvoirs politiques est admis par tout le monde, et si l'on veut concilier la doctrine et la jurisprudence qui semblent contraires, c'est dans cette idée qu'il faut chercher la conciliation.

Leur opposition n'est que dans l'étendue qu'il convient de donner à l'immunité de juridiction. Les partisans les plus décidés de la compétence des tribunaux accordent que cette compétence ne doit pas être toujours admise. « Le principe de l'indépendance des Etats ne permet pas que les actes d'un gouvernement agissant dans l'exercice de sa souveraineté tombent sous la juridiction et le contrôle d'un pouvoir étranger. Quand un gouvernement fait acte d'autorité, quand il exerce l'*imperium*, nous admettons qu'il repousse toute ingérence étrangère, qu'il maintienne son indépendance au-dessus de toute atteinte 1 . »

La jurisprudence est en ce sens.

Les tribunaux français se sont plusieurs fois déclarés incompétents pour juger les actes de souveraineté d'un Etat étranger (2).

En 1870, la demoiselle Masset, se plaignant de saisies illégales, d'arrestation et de vexation qu'elle avait eu à souffrir de la police russe sur le territoire russe où elle avait fondé un établissement commercial, assigna le ministre des affaires étrangères de France, et le czar en payement d'une somme de 500.000 francs de dommages-intérêts. La Cour, annulant un jugement du tribunal civil de la Seine du 2 avril 1870, s'est déclarée incompétente (3).

En 1874, M. Pajet actionna S. A. Ismaïl-Pacha

(1) Note de Ch. Royer. Dalloz, 1867.

(2) Dans les exemples que nous allons citer, l'action était dirigée contre un souverain étranger. La solution aurait été la même, si l'action avait été dirigée contre un Etat étranger.

(3) Arrêt du 23 août 1870. Dalloz, 1871, II, 10.

pour obtenir des dommages-intérêts à raison d'un préjudice causé par les agents du gouvernement égyptien. M. Pajet les accusait d'avoir brisé les scellés, et enlevé les objets mobiliers de son établissement de blanchisserie situé à Alexandrie. La première chambre du tribunal civil de la Seine, se déclara incompétente le 5 février 1874 (1).

La question se posa devant les tribunaux italiens, à l'occasion d'une détention que les demandeurs prétendaient arbitraire. Au mois d'avril 1859, François V, duc de Modène, fit transférer de Massa à Mantoue quelques détenus politiques régulièrement condamnés en vertu de jugements rendus en 1858. Mais après la déchéance du duc de Modène, le 20 août 1859, ils restèrent emprisonnés à Mantoue qui était encore sous la domination autrichienne ; ils ne retrouvèrent leur liberté que quand les Italiens prirent possession de la forteresse de Mantoue, en septembre 1861. Ils intentèrent alors une action contre François d'Este et demandèrent des dommages-intérêts à raison de la détention dont ils avaient été victimes. L'exception d'incompétence fut rejetée en première instance ; mais en appel, la Cour de Gênes distingua avec raison les actes faits

____

(1) *Gazette des Tribunaux*, 6 février 1874.

jusqu'au jour où le duc de Modène était resté en possession de la souveraineté, c'est-à-dire jusqu'au 20 août 1859, et les actes postérieurs à cette date. La Cour reconnut qu'elle était incompétente pour juger le transfert des détenus de la forteresse de Massa dans celle de Mantoue, car ç'avait été un acte de gouvernement exécuté dans l'exercice du pouvoir souverain. Mais, le duc de Modène ayant perdu ses droits de souveraineté à partir du 20 août 1859, la détention des prisonniers dans la forteresse de Mantoue depuis cette date ne pouvait plus être considérée comme un acte de souveraineté et donnait lieu à une demande de dommages-intérêts, comme tout acte arbitraire et illégal commis par un simple particulier.

Section II. — *La contestation est née d'un contrat de l'Etat étranger.*

Un Etat n'agit pas toujours comme pouvoir souverain. Il fait souvent des actes juridiques semblables à ceux que font les simples particuliers : il vend, il achète, il emprunte, il prend envers des particuliers telle ou telle obligation.

Les tribunaux sont-ils compétents pour juger les difficultés que ces actes soulèvent ?

La question est très controversée.

Nous croyons que les tribunaux sont incompétents ; on a invoqué à l'appui de cette thèse des
motifs qui ont paru péremptoires : ils ne nous
semblent pas avoir grande valeur ; nous devons les
examiner tout d'abord, puis nous arriverons à
l'examen des arguments qui nous paraissent imposer
la solution que nous avons admise.

Le projet du Code civil contenait un article ainsi
conçu : « Les étrangers revêtus d'un caractère
« représentatif de leur nation, en qualité d'ambassa-
« deurs, de ministres, d'envoyés, ou sous quelque
« autre dénomination que ce soit, ne sont point assu-
« jettis aux lois civiles de la nation chez laquelle ils
« résident avec ce caractère. Il en est de même des
« étrangers qui composeront leur famille ou qui
« seront de leur suite. Ils ne peuvent être traduits,
« ni en matière civile, ni en matière criminelle,
« devant les tribunaux de France. » Cet article fut
retiré après une courte discussion : les rédacteurs
du Code considérèrent qu'il réglait une question
de droit des gens et qu'il n'était pas à sa place
dans le Code réservé au droit civil.

On a voulu tirer de cet incident de rédaction un
argument à fortiori pour l'incompétence. « Si les ambassadeurs, a-t-on dit, ne sont pas soumis à la juridiction de l'Etat étranger, le même privilège doit

appartenir au gouvernement qui les envoie , puisque
la faveur faite à l'ambassadeur n'a pas d'autres
raisons que son caractère de représentant d'un autre
Etat : c'est le pouvoir souverain de cet Etat qu'on
respecte en lui : si les tribunaux étrangers ne le jugent
pas, c'est pour ne pas juger l'Etat dont il tient la
place. Quand c'est le gouvernement lui-même qui
est partie au procès, les motifs de l'exempter de la
juridiction des tribunaux nationaux, ne sont-ils pas
plus forts ?

Cet argument à fortiori est un des arguments
préférés des partisans de l'incompétence : on le
retrouve dans presque tous les arrêts rendus sur
la question. « Si les ambassadeurs ne sont pas sou-
« mis à la juridiction du pays où ils sont envoyés et
« reçus, à plus forte raison le gouvernement duquel
« ces ambassadeurs tiennent leurs pouvoirs ne doit
« pas être soumis à cette juridiction, » dit le tribunal
de la Seine dans son jugement du 2 mai 1828 sur
l'affaire Ternaux-Gandolphe contre la République
d'Haïti (1).

La Cour de Nancy fit le même raisonnement dans
l'affaire Luchmann et Cahn c. Heymann (Arrêt du
31 août 1871 . « L'immunité accordée aux ambassa-

(1) Dalloz, 1849, I, 6.

deurs ministres ou envoyés étrangers appartient à plus forte raison aux gouvernements qui les accré-ditent et dont ils tiennent leurs pouvoirs (1). »

Dans les arrêts belges on rencontre le même argu-ment. « Attendu que les principes du droit des gens applicables aux ambassadeurs le sont avec une grande supériorité de raison aux nations qu'ils repré-sentent, » dit l'arrêt de la Cour de Bruxelles du 30 décembre 1840 (2).

On a opposé à cet argument une fin de non rece-voir. Cet argument, a-t-on dit, est basé sur un article du projet de la loi : or cet article a été sup-primé : il ne peut donc plus être interprété. C'est l'avis de M. Spée (3). Nous croyons qu'il ne faut pas ainsi se refuser à discuter cet argument, parce que l'article sur lequel il s'appuie a été supprimé : sa sup-pression a eu pour cause la nature du Code qui est réservé au droit civil : mais il n'empêche, que son existence, si éphèmère qu'elle ait été, prouve que les rédacteurs du Code étaient partisans de l'immunité des ambassadeurs. « On n'interprète pas le néant, »

(1) DALLOZ, 1871, II, 208.
(2) *Pasicrisie belge*, 1841. — Arrêts de Cour d'appel.
(3) De la compétence des tribunaux nationaux à l'égard des gou-vernements et des souverains étrangers. Article publié à l'occasion d'un jugement du tribunal d'Anvers du 11 novembre 1876 dans le *Journal de Droit international privé*, 1876, p. 332.

dit M. Spée. Nous sommes d'accord avec lui ; mais, tel n'est pas le cas ici : on ne veut interpréter que l'opinion des rédacteurs du Code dont il est resté une trace certaine dans les procès-verbaux des séances du Conseil d'Etat (Séance du 6 Thermidor an IX).

Seulement, nous ne croyons pas qu'on puisse tirer de l'opinion des rédacteurs du Code sur l'immunité de juridiction des ambassadeurs un argument en faveur de l'immunité de juridiction des Etats étrangers : ces deux privilèges ne sont pas la conséquence l'un de l'autre, comme les arrêts cités plus haut paraissent le croire. Si les ambassadeurs sont soustraits à la juridiction civile et criminelle de l'Etat auprès duquel ils sont accrédités, c'est surtout parce qu'ils ont besoin d'indépendance dans l'accomplissement de leur mission.

Cette explication est communément admise par les auteurs, et ils donnent à l'appui de bonnes raisons.

« Les ministres publics, dit Bynkershoeck, doi-
« vent être indépendants de la puissance à laquelle
« on les envoie, uniquement afin que l'exercice de
« leur emploi ne leur fasse point changer de condi-
« tion et ne les rende pas sujets d'un autre souverain,
« souvent ennemi de celui qu'ils représentent (1). »

(1) Bynkershoeck, *Traité du juge compétent des ambassadeurs*, ch. VIII, 2.

Grotius est du même avis. On lit dans son traité, liv. II. ch, 18 n° 9 : « Un ambassadeur, pour jouir « d'une pleine sûreté, doit être à l'abri de toute « contrainte, et par rapport à sa personne, et par « rapport aux choses qui lui sont nécessaires. Si « donc il a contracté des dettes, il faut lui dire hon-« nêtement de payer, et s'il refuse, on doit alors « s'adresser à son maître. »

Vattel et Montesquieu ont adopté le même sys-tème. « Sans elle (l'exemption de juridiction), dit « Vattel, on pourra inquiéter le ministre public, le « persécuter, le maltraiter sous mille prétextes. « Souvent, le ministre est chargé de commissions « désagréables au prince à qui il est envoyé : si ce « prince a quelque pouvoir sur lui, et particulière-« ment une autorité souveraine, comment espérer « que le ministre exécutera les ordres de son maître, « avec la fidélité, la fermeté, la liberté d'esprit néces-« saires. Il importe qu'il n'ait point de pièges à redou-« ter, qu'il ne puisse être distrait de ses fonctions par « aucune chicane ; il importe qu'il n'ait rien à espérer « ni rien à craindre du souverain à qui il est « envoyé (1). »

Montesquieu dit aussi : « Ils sont la parole du

(2) Vattel, *Le Droit des Gens*, t. III, liv. IV, ch. 7, n° 92.

« prince qui les envoie, et cette parole doit être libre.
« Aucun obstacle ne doit les empêcher d'agir. Ils
« peuvent souvent déplaire parce qu'ils parlent pour
« un homme indépendant. On pourrait leur imputer
« des crimes, s'ils pouvaient être punis pour des
« crimes : on pourrait leur supposer des dettes (1). »

Les auteurs modernes adoptent, pour la plupart,
la même opinion : Schmals dit très nettement que la
raison de l'immunité des juridictions des ambassadeurs est dans la nature de leur charge, qui exige la
plus large indépendance. Wheaton 2 et Rocco (3)
sont de la même opinion. Bluntschli (4) voit aussi dans
la nécessité de garantir l'indépendance des représentants de l'Etat étranger la vraie cause de l'immunité
de juridiction : c'est encore l'avis de F. de Martens (5).

Forte du suffrage de tant et de si considérables
auteurs, cette doctrine trouve en outre un appui dans
l'usage de faire jouir de l'immunité les gens de la suite
de l'ambassadeur. Ils ne sont pas soumis à la juridiction des tribunaux nationaux : or, il est impos-

---

(1) Montesquieu, *Esprit des Lois*, L. XXVI, ch. 21.
(2) Wheaton, *Droit international*, I, 198.
(3) Rocco, *Delle Leggi delle Due Sicilie*, p. 274 et 275.
(4) Bluntschli, *Le Droit international codifié*, p. 135.
(5) F. de Martens, *Traité de droit international*, traduit du russe
par Alfred Léo. Paris, 1883, t. II, p. 69.

sible de les considérer comme les représentants de
l'Etat étranger. Pour résoudre notre question, il ne
suffit donc pas de dire que l'immunité des ambassadeurs n'est qu'une conséquence de celle de leur gouvernement, et que l'une entraîne l'autre. Le privilège
des ambassadeurs a encore pour motif leur besoin
d'indépendance. Dès lors, peu importe que les
ambassadeurs aient un privilège : il pourrait ne pas
être étendu aux Etats étrangers. Les travaux préparatoires du Code civil indiquent l'opinion des rédacteurs du Code sur l'immunité de juridiction des
ambassadeurs ; mais ils ne nous révèlent pas si les
rédacteurs accordaient les mêmes privilèges aux
Etats étrangers et, l'argument à fortiori qu'on veut
tirer de leur opinion sur le premier point n'étant pas
fondé, notre question reste entière.

On a voulu en trouver la solution dans l'article 14.
Il est ainsi conçu : « L'étranger, même non résidant
« en France, pourra être cité devant les tribunaux
« français pour l'exécution des obligations par lui
« contractées en France avec un Français : il pourra
« être traduit devant les tribunaux de France pour
« les obligations par lui contractées en pays étranger
« envers des Français. » Nous remarquons d'abord
que si l'article 14 est ici applicable, la compétence
des tribunaux nationaux ne devra pas cependant être

admise d'une façon absolue; il y a des distinctions à
faire dont le principe ne peut pas être trouvé dans le
Code : nous le rechercherons bientôt : ces réserves
faites, nous devons examiner l'article 14 qui a été
tour-à-tour invoqué par les partisans de la compétence et par ceux de l'incompétence.

Les partisans de l'incompétence ont cherché dans
cet article un argument à l'appui de leur opinion. En
effet, il paraît en présenter un : ne résulte-t-il pas de
ses propres termes qu'il n'a trait qu'aux engagements
entre particuliers? Il dit « l'étranger » ; et par là, il
n'entend que l'étranger, simple particulier; du gouvernement, il ne s'est pas occupé. Pour le démontrer, ne suffit-il pas de faire observer que notre
article est placé dans le livre premier du Code, qui
traite exclusivement des personnes, et dans un chapitre qui est consacré à régler les droits civils de
celles-ci? Ces raisonnements ont paru solides à la
jurisprudence, et elle a vu dans l'article 14 un argument en faveur de l'incompétence. Le tribunal du
Havre motive ainsi un jugement du 25 mai 1827 :
« Attendu qu'on ne peut exciper de l'article 14 qui,
« sortant du droit commun, ne peut être appli-
« qué par induction : que les exceptions, en effet,
« doivent être rigoureusement restreintes; qu'évi-
« demment, d'après les expressions de cet article,

« d'après le chapitre où il est placé, d'après l'accep-
« tion du mot « étranger » dans tout ce chapitre, on
« ne peut appliquer ce même article qu'au particu-
« lier étranger (1). » Le tribunal de la Seine dit
aussi dans le jugement rendu le 2 mai 1828 (affaire
Ternaux-Gandolphe contre la République d'Haïti,
que l'article 14 n'a trait qu'aux engagements entre
particuliers (2).

La Cour de cassation a même donné à cet argument la sanction de son autorité. « Attendu que si
« l'article 14 autorise à citer devant des tribunaux
« français l'étranger qui a contracté des obligations
« envers un Français, cet article n'a trait qu'aux
« engagements privés contractés entre des citoyens
« appartenant à deux Etats différents et non aux
« engagements auxquels un Etat étranger a pu se
« soumettre envers un Français, ce qui s'induit des
« termes mêmes de cet article, et, notamment de ce
« qu'il est placé dans un livre du Code civil qui
« traite exclusivement des personnes, et dans un
« chapitre dont les dispositions sont destinées à
« régler uniquement les droits civils de celles-ci. »

Malgré l'autorité de ces arrêts, nous ne croyons
pas que l'article 14 puisse être invoqué par les par-

(1) DALLOZ, 1849, I, 6.
2) *Id.*   *Ibid.*

tisans de l'incompétence. Il est placé, dit-on, dans le Livre des personnes : mais, quelle importance cette place peut-elle avoir? Depuis le commencement à la fin, le Code s'occupe des personnes ; s'il parle des biens, ce n'est qu'à cause de leurs rapports avec les personnes ; on ne peut même pas concevoir qu'il en soit autrement. D'ailleurs, un Etat est « une personne » comme un simple particulier. Seulement, il faut savoir de quelles personnes parle l'article 14 : est-ce à la fois des personnes morales et des personnes physiques ou de ces dernières seulement? Mais quelle raison y aurait-il de restreindre à celles-ci l'application de l'article 14? Les termes de cet article n'autorisent en rien une interprétation aussi étroite : ils semblent même s'y opposer, car l'article parle de « l'étranger ». Or l'Etat étranger est étranger comme tous ses sujets. Pourquoi ne pas lui appliquer une règle que notre article établit pour toutes les personnes qui ne sont pas françaises ?

Une interprétation restrictive serait en contradiction avec les décisions de la jurisprudence sur les sociétés étrangères. Ce sont des personnes morales, comme les Etats étrangers : or l'article 14 leur est applicable (1). Nous verrons bientôt s'il n'y a pas de

(1) « L'article 14, ni par son texte, ni par son esprit ne se prête à une distinction qui, le rendant seulement applicable à l'étranger

motifs d'appliquer aux Etats étrangers des règles différentes : il nous suffit de noter ici que si ces motifs existent, ce ne sont pas des arguments de texte et que la doctrine de l'incompétence ne peut trouver aucun appui dans les termes de l'article 14.

D'ailleurs, une interprétation restrictive se réfute par les conséquences qu'elle entraînerait : l'article 8 et l'article 15 ne semblent écrits, comme l'article 14, que pour les personnes physiques. — « Tout Français jouira des droits civils » dit l'article 8. — « Un Français, dit l'article 15, pourra être traduit devant un tribunal de France pour des obligations par lui contractées en pays étranger, même avec un étranger. »

Si on suivait la méthode d'interprétation que nous combattons, il faudrait n'appliquer l'article 8 et l'article 15 qu'aux personnes privées. L'article 8 est aussi placé dans le chapitre relatif à la jouissance des droits civils : il porte que tout « Français » jouira des droits civils. L'Etat, aux termes de l'article 8, ne jouirait

contractant seul et comme individu, ne le laisserait pas invoquer contre des étrangers liés entre eux par un intérêt commun » dit la Cour d'Amiens dans son arrêt du 2 mars 1865. Société des chemins de fer russes c. Trône. — De même, Cour de Paris, 9 mai 1865 (DALLOZ, 1865, II, 105). — La Cour de Paris s'était prononcée en sens contraire le 15 mai 1883. Mais la Cour de Cassation avait appliqué l'article 14 aux sociétés étrangères, par arrêté du 19 mai 1863 (DALLOZ, 1863, I, 218 et du 14 novembre 1864. — (DALLOZ, 1864. I, 466).

donc pas des droits civils : il n'aurait pas le droit d'hypothèque légale et il n'aurait pas eu, avant la loi de 1867, le droit de contraindre par corps ses créanciers. De même, le droit de citer devant nos tribunaux les Français qui auraient contracté avec lui, même à l'étranger, serait refusé au gouvernement étranger par l'article 15. Cependant ce droit n'est pas controversé, et déjà dans l'ancien droit, le gouvernement étranger pouvait se porter demandeur devant les tribunaux français : en 1783, le Parlement de Paris permit au prince régnant de Hohenzollern de plaider devant lui, sauf à payer la caution *judicatum solvi*.

Si on examine l'esprit de l'article 14, on arrive au même résultat : les motifs qui l'ont inspiré au législateur sont aussi fondés, qu'il s'agisse d'un particulier ou d'un gouvernement étranger : peut-être même ont-ils plus de force dans le dernier cas. Les rédacteurs du Code en permettant aux Français de citer devant les tribunaux français les étrangers avec lesquels ils auraient contracté, même à l'étranger, ont voulu protéger les plaideurs français : leur but a été de leur éviter des frais et la perte de temps qu'un procès à soutenir au loin leur auraient occasionnés : ils ont craint aussi que les tribunaux étrangers ne fussent pas assez impartiaux et que le souci de sauvegarder l'intérêt de leurs nationaux ne l'emportât chez eux sur le sentiment de la justice. Mais, si ces considérations sont justes elles ont encore plus d'importance quand c'est l'intérêt d'un Etat étranger qui est engagé. Un particulier n'aurait pas pu peser facilement sur les décisions des tribunaux de son pays : la puissance lui aurait manqué. Il pouvait seulement espérer que les dispositions des juges lui fussent favorables, et la seule crainte qu'elles le fussent en effet a fait écrire dans le Code l'article 14. Pourquoi en borner l'application au cas où elle est le moins nécessaire ? car si les tribunaux étrangers doivent se laisser dicter leurs décisions par l'intérêt d'un de leurs nationaux, n'est il pas plus à craindre qu'ils se laissent entraîner, quand il y va de l'intérêt de l'Etat lui-même, représentant les intérêts du pays tout entier ?

Loin de pouvoir être invoqué par les partisans de l'incompétence, l'article 14 nous semble donc, par son texte et par son esprit, favorable à la compétence des tribunaux nationaux. Les Français qui auront contracté avec un Etat étranger, pourront le citer devant les tribunaux de France, même si le contrat s'est formé à l'étranger : car si l'article 14 est applicable, il doit l'être en entier : il ne fait aucune réserve et il n'y a aucun principe de droit des gens qui permette de distinguer selon que le contrat a été fait avec l'Etat étranger sur son propre territoire ou sur le territoire d'un autre Etat. Si le caractère souverain de l'Etat étranger ne s'oppose pas à la compétence des tribunaux dans le premier cas, elle ne s'y oppose pas non plus dans le second.

Au contraire, si on envisage non plus comment, mais quand il faut appliquer l'article 14, on ne peut pas admettre la solution absolue qui paraît résulter de ses termes. L'article 14 ne fait aucune distinction ; mais la question qui nous occupe n'est pas seulement une question de droit civil dont on ne peut chercher la solution que dans les textes du Code ; c'est aussi une question de droit des gens, et pour la résoudre, il faut combiner avec les textes du Code les principes du droit des gens. Il résulte donc de l'article 14 que les tribunaux peuvent être compétents, sauf au droit des gens à décider dans quels cas leur compétence peut être reconnue.

On a aussi invoqué contre la doctrine de l'incompétence les inconséquences qu'elle entraînerait et la contradiction qui en résulterait entre le cas où l'Etat étranger serait défendeur et celui où il serait demandeur.

Pourquoi les tribunaux sont-ils compétents dans un cas, incompétents dans l'autre ? Ne fallait-il pas donner la même solution dans les deux hypothèses et reconnaître toujours soit la compétence, soit l'incompétence?

Faut-il que l'Etat étranger ait une situation privilégiée dont ses co-contractants souffriraient? et cela n'arriverait-il pas, s'il pouvait les poursuivre, et, en même temps, échapper à leurs poursuites, quand il y aurait intérêt (1)?

Nous avons déjà remarqué que les mêmes principes ne doivent pas être appliqués à l'Etat demandeur et à l'Etat défendeur : il n'y a pas là contradiction, car les deux hypothèses diffèrent entièrement. Quand il se porte demandeur, l'Etat étranger se soumet à la juridiction des tribunaux ; mais on ne peut pas l'y soumettre contre son gré quand il est défendeur : ce serait porter atteinte à sa souveraineté, tandis qu'il ne fait que l'exercer en venant de lui-même plaider devant des tribunaux qui ne relèvent pas de son autorité.

Sans doute, on peut remarquer que libre de citer ses adversaires en justice, et de ne pas répondre à leurs citations, l'Etat étranger sera dans une situation privilégiée, et qu'il en abusera peut-être aux

______

(1) Laurent, *Droit international*, t. III.
Ch. Royer. Note sur l'arrêt du 13 avril 1867 (D. P. 1867. II, 51).
Spée, *Journal de droit international*, 1876, p. 338 et suiv.

dépens de ses co-contractants ; mais. comme le dit la Cour de Bruxelles dans son arrêt du 3o décembre 1840 : « Si l'incompétence de l'autorité judiciaire est de nature à entraîner des inconvénients, le système contraire pourrait en occasionner de bien plus graves ; il transformerait souvent les tribunaux des gouvernements contendants en instruments de représailles, et deviendrait pour les nations une source de désunion dont il est facile d'entrevoir les suites déplorables. »

En effet, la question n'est pas seulement juridique, elle est aussi politique : il y a même une certaine opposition entre ces deux points de vue. « Dans la pratique on peut admettre l'application très large de ce privilège », dit F. de Martens (1 , et, au nombre des raisons qu'il donne, il met les embarras qui peuvent en résulter pour le gouvernement du pays où les décisions judiciaires ont été prononcées.

Cette crainte paraît chimérique à quelques auteurs, à Laurent par exemple. Sans doute, il serait puéril de s'imaginer que, traduit devant des tribunaux étrangers, un Etat irait prendre les armes pour venger son honneur qu'il croirait blessé : s'il devait en être ainsi, il ne faudrait pas hésiter à décider que

____

(1) F. DE MARTENS, *Traité de droit international*, 1883. I, p. 422.

l'incompétence des tribunaux doit être aussi étendue que possible : mieux vaut un déni de justice qu'une guerre. Le danger n'est pas si grand, et la question de paix ou de guerre ne sera pas décidée parce qu'un tribunal aura rendu un jugement ; mais tout ce qui touche aux relations internationales doit être traité d'une main délicate : les précautions ne sont jamais superflues en pareille matière : il faut éviter tout froissement, ne pas risquer d'aigrir les rapports déjà difficiles peut-être entre deux peuples. Forcer un Etat étranger à plaider devant des tribunaux qui ne relèvent pas de lui pourrait avoir ce mauvais effet : la prudence commande de l'éviter.

« C'est là du fait et non du droit, dit M. Deman- « geat, et pour montrer combien peu notre législateur « s'est préoccupé de considérations de ce genre, nous « nous bornerons à rappeler que la crainte de dé- « plaire aux gouvernements étrangers ne paraît pas « l'avoir beaucoup impressionné quand il a écrit la « disposition exorbitante de l'article 14 (1). » C'est là du fait, dit on : soit, mais le fait a son importance dans les question de droit des gens. N'est-ce pas aussi s'attacher à une considération de fait que de prétendre comme Legat et comme Bar, partisans de la compétence, que « refuser au Français la justice

(1) *Revue pratique*, 1856, t. I, p. 395.

qu'il réclame c'est l'obliger à la demander (1) » cu
« que ce serait laisser les droits des sujets à la merci
du souverain étranger 2 ? » Est-il vrai, comme le

(1) Légat. *Code des Etrangers*, p. 3o6 et 3o7.
(2) Bar. *Das international Privat und Strafrecht*, n° 13o. Nous
avouons que ces craintes sont fondées: les tribunaux des Etats
étrangers ne méritent pas toujours grande confiance.

On propose de recourir à l'Etat étranger par voie diplomatique :
ce sera un moyen souvent inefficace. Il en fut ainsi lors des difficultés soulevées par l'emprunt portugais de don Miguel. En 1842
et en 1845, des pétitions furent adressées au ministre des affaires
étrangères par les porteurs de titres de cet emprunt. Le gouvernement français n'en tint pas compte. Une nouvelle pétition fut présentée à l'Assemblée législative sous la République de
1848. Le rapporteur, M. de Dampierre, demanda le renvoi de la
pétition au ministre et il fut ordonné par l'Assemblée : mais on ne
donna pas immédiatement suite à l'affaire. Sous l'Empire, une
nouvelle pétition fut portée devant le Sénat qui était chargé de
statuer sur les pétitions. Dans la séance du 29 avril 1855, un rapport fut présenté par M. Louis Lebœuf. Il concluait que « si le
Portugal ne pouvait pas, dans l'état actuel de ses finances, accepter
toutes les charges de l'emprunt miguéliste, il y avait, dans les réclamations présentées par les pétitionnaires, matière à une transaction
qui pourrait satisfaire les porteurs de titres. » Le Sénat, sur la proposition du rapporteur, renvoya la pétition au ministre des affaires
étrangères. Le gouvernement portugais refusa de donner satisfaction. Une nouvelle pétition ayant été présentée au Sénat, M. le
président Bonjean exposa dans son rapport du 6 juillet 1862 que
« le département des affaires étrangères avait pensé, après mûr
examen, qu'une intervention diplomatique ne pouvant offrir aucune
chance de succès, il convenait de s'abstenir, et que telle avait été la
ligne de conduite adoptée par le gouvernement anglais, ordinai-
rement si forte à soutenir les intérêts de ses nationaux. »

Il proposa de passer à l'ordre du jour sur les pétitions présentées :
l'ordre du jour fut adopté.

Le 8 mai 1876, une réclamation fut adressée personnellement par
le comte de Reilhac au ministre des finances de Portugal : elle échoua.

L'insuccès des démarches par voie diplomatique est assurément prétend M. Demangeat, qu'on trouve dans l'article 14 la preuve que les considérations de fait n'ont ici aucune valeur?

Nous avons admis que l'article 14 s'appliquait aux simples particuliers et aux Etats étrangers. Dans le premier cas, on conçoit que les rédacteurs du Code n'aient pas craint de déplaire aux Etats étrangers : ils seront moins blessés de la juridiction des tribunaux sur leurs sujets que sur eux-mêmes. Il est vrai que, d'après l'article 14, les tribunaux sont aussi compétents à l'égard des Etats étrangers : mais ils ne le sont que dans la mesure où le droit des gens ne s'y oppose pas, et dans les autres cas, les considérations de fait ont leur importance.

Nous avons examiné jusqu'ici les arguments présentés pour et contre la compétence des tribunaux sans en avoir rencontré qui permît de trancher complètement la question.

Ecartant successivement l'argument que les partisans de l'incompétence croient trouver dans un incident de rédaction du Code et celui que les partisans de la compétence prétendent voir dans les contra-

fort regrettable, et il faut déplorer que les intérêts particuliers ne puissent pas être mieux protégés : mais cet inconvénient ne doit pas l'emporter sur les considérations tirées du droit des gens.

dictions de la doctrine contraire, nous avons admis seulement qu'aux termes de l'article 14, les tribunaux peuvent être compétents, tout en laissant pressentir que leur compétence n'était pas absolue, et qu'il fallait chercher dans le droit des gens la solution de la question.

Nous annoncions tout à l'heure que si les sociétés étrangères sont des personnes morales comme les Etats étrangers, certains motifs peuvent empêcher que les mêmes règles les régissent. Aux sociétés étrangères, en effet, le seul droit privé est applicable : si on s'occupe des Etats étrangers, il faut compter avec le droit public. Pour emprunter les termes d'un arrêt (1), les sociétés étrangères, « ce sont des étrangers liés entre eux par un intérêt commun pour une affaire ou une entreprise industrielle, et formant une personne civile. » Un gouvernement, c'est tout autre chose. Son but n'est pas comme celui d'une société, le succès d'une affaire, d'une entreprise industrielle ou commerciale. Il est plus complexe et plus difficile à atteindre : il consiste à assurer l'ordre et à faire observer la justice, à contribuer au développement des richesses du pays, et à sauvegarder ses intérêts dans les rapports avec les

(1) Amiens. 2 mars 1865. — Dalloz. 1865. II, 105.

nations étrangères. Mais pour réussir, le gouvernement a besoin d'indépendance : libre d'agir à l'intérieur du pays qui lui a confié le pouvoir étranger
dans ses propres actes. Un Etat doit pouvoir choisir
la forme de gouvernement et la constitution politique
qu'il préfère, exercer librement tous les pouvoirs de
la souveraineté, et empêcher que dans le territoire
qui lui est soumis un autre Etat procède à des actes
politiques, ou de polices militaires ou judiciaires.
Toute atteinte, même indirecte à l'indépendance
de l'Etat étranger doit être condamnée : l'opinion
des auteurs est unanime sur ce point. Or, soumettre
un Etat étranger à une autre juridiction que celle
qu'il a établie, n'est-ce pas violer ce principe et
nuire à son indépendance ? *Juridictio inhœret,
cohœret, adhœret imperio* dit un vieil adage. Si on
accordait le droit de juridiction à un Etat étranger
sur un autre, ne serait-ce pas reconnaître au premier le droit de commander au second ?

« De cette liberté et indépendance, dit Vattel (1),
« il suit que c'est à chaque nation de juger de ce que
« sa conscience exige d'elle, de ce qu'elle peut ou ne
« peut pas, de ce qu'il lui convient ou ne lui convient
« pas de faire. Dans tous les cas donc où il appartient

(1) *Le Droit des gens, Préliminaires*, n° 16.

« à une nation de juger de ce que son devoir exige
« d'elle, un autre ne peut le contraindre à agir de
« telle ou telle manière, car si elle l'entreprenait, elle
« donnerait atteinte à la liberté des nations. Le droit
« de contrainte contre une personne libre ne nous
« appartient que dans les cas où cette personne est
« obligée envers nous à quelque chose de particulier
« par une raison particulière qui ne dépend pas de son
« jugement, dans les cas où, en un mot, nous avons
« contre elle un droit parfait. » On n'est pas d'accord
sur l'interprétation qu'il convient de donner à ce passage de Vattel. Les partisans de l'incompétence le
revendiquent à l'appui de leur opinion (1). M. Spée
soutient au contraire que la pensée de Vattel était
celle-ci : chaque nation est libre et indépendante ; elle
peut faire ce qu'elle veut sans que les puissances
voisines aient le droit de blâmer ses actes, ses lois ;
mais sitôt qu'elle contracte (cela ressort de la fin
du passage cité), ou qu'elle fait un quasi-contrat, un
délit ou un quasi-délit d'où nait une obligation, l'exécution peut en être réclamée contre elle (2).

Laurent croit aussi que l'Etat étranger quand il
contracte devra toujours être soumis à la juridiction

(1) Dalloz, 1849, I, p. 5, note.
(2) Spée. *De la Compétence des Tribunaux nationaux à l'égard
des gouvernements et des souverains etrangers.* — *J. Dr. int. pr.* 1876,
p. 334.

des tribunaux comme un simple particulier. D'après lui, la nature d'un contrat comme la vente, ne change pas parce qu'un Etat y est partie : en agissant comme un simple particulier, il a abdiqué sa qualité de souverain ; il ne faut donc plus lui accorder un privilége dont cette qualité seule est la cause. Si l'Etat agit comme pouvoir souverain, les tribunaux sont incompétents. Si l'Etat agit comme personne civile, il pourra être jugé par les tribunaux d'un autre Etat.

Supposons un instant que cette doctrine soit fondée. Une autre difficulté s'élève aussitôt. L'Etat étranger est justiciable des tribunaux ; il faut spécifier. Sera-t-il jugé par les tribunaux civils ou par les tribunaux administratifs ? Un Etat fait un marché de fournitures en France. Nos tribunaux civils seront-ils compétents ; mais pourquoi jugeraient-ils l'acte administratif d'un Etat étranger quand ils n'ont pas qualité pour juger celui de l'Etat français ? Au contraire, va-t-on appliquer à l'Etat étranger les mêmes règles de compétence qu'à l'Etat français ? mais alors, ce sont les préfets et les ministres français qui seront juges des difficultés qui s'élèvent entre l'Etat étranger et ses fournisseurs : il nous semble que ce serait étendre outre mesure leur compétence, et qu'il est impossible de donner aux fonctionnaires d'un Etat, juridiction sur un autre Etat.

D'ailleurs, nous ne croyons pas que la distinction de Laurent soit très exacte : sans doute les actes de souveraineté d'un Etat étranger ne devront jamais être portés à la connaissance des tribunaux : mais ces tribunaux ne seront pas toujours compétents si l'Etat étranger a fait un acte que des particuliers pourraient faire : peu importe, comme Laurent l'allègue à l'appui de son opinion, que la nature d'une vente ne change point parce qu'un Etat y est partie. Si nous admettons que l'Etat étranger puisse perdre le privilège de l'immunité de juridiction, ce n'est que dans les cas où l'Etat peut-être considéré comme y ayant renoncé parce qu'il a entrepris des opérations qui ne sont pas en rapport avec son caractère souverain : or, il n'en est pas toujours ainsi quand il fait un contrat que de simples particuliers auraient pu faire : s'il achète, ce peut être dans un intérêt public : le contrat qu'il a passé a eu pour but de l'aider à remplir sa mission de pouvoir politique : on ne peut pas l'assimiler au contrat fait par un simple particulier dans un intérêt privé ; l'opération juridique est la même ; mais son but la rattache à l'intérêt politique d'un Etat étranger : c'est assez, croyons-nous pour que les tribunaux d'un autre Etat ne soient pas compétents.

C'est ainsi que les tribunaux refusent de condamner un Etat étranger à payer la dette qu'il
a contractée. M. Solon avait été chargé de fonder et
de diriger au Caire une école d'administration : il
devait recevoir un traitement de 15.000 francs, et
être logé par le gouvernement. Le contrat ne fût pas
observé par le gouvernement égyptien. Revenu en
France en 1845, M. Solon fit assigner devant le tribunal de la Seine le gouvernement égyptien auquel il
réclamait 100.000 francs pour le dédommager de ses
voyages inutiles et des six années passées en Egypte,
sans que le traitement convenu ait été payé. Le tribunal de la Seine se déclara incompétent, le 16 avril
1847, « attendu que pour apprécier la demande de
Solon, il ne faudrait pas examiner un acte particulier
ayant pour cause un intérêt privé ; mais un acte
administratif et gouvernemental, intervenu entre un
gouvernement et un fonctionnaire. »

Un cas analogue s'est présenté devant le tribunal
civil de la Seine le 1er mai 1867, à propos d'une
créance de 4.500.000 francs, que M. Pierre Colin
ingénieur français réclamait au gouvernement de
Tunis, pour la restauration des aqueducs de Car-
thage. Le tribunal se déclara incompétent.

La même solution est admise s'il s'agit de
garanties que l'Etat s'est engagé à donner et

qu'il ne donne pas. En 1867, les porteurs d'obligations du canal Cavour qui n'avaient contracté avec
la société concessionnaire qu'à cause des garanties
promises par le gouvernement italien, demandaient
qu'elles leur fussent en effet fournies. Le tribunal de
commerce de la Seine se déclara incompétent
(11 avril 1867).

Les tribunaux nationaux ne peuvent pas non plus
connaître des questions soulevées par les emprunts
d'Etats étrangers. Un Etat, quand il emprunte,
agit comme pouvoir public ; il ne fait pas un
acte de souveraineté comme quand il prend une
mesure de police ; mais l'intérêt public est engagé :
l'emprunt est destiné à subvenir aux dépenses de
l'Etat : il rentre dans les attributions de l'Etat d'emprunter comme de lever des impôts. Il ne faut pas
que les tribunaux d'un autre Etat soient compétents
pour trancher les questions qui peuvent se présenter.

Le gouvernement péruvien contracta en Angleterre, au mois d'août 1862, un emprunt de 5 millions
500.000 livres sterlings. Les créanciers étaient garan-
tis par la promesse du gouvernement péruvien que
toutes les exportations de guano dans le Royaume-
Uni seraient hypothéquées au payement de l'emprunt
et qu'une partie du produit des ventes serait mise en

réserve pour être appliquée tous les six mois à l'amortissement (1). En janvier 1867 des créanciers se plaignirent que le gouvernement péruvien n'eût pas tenu ses promesses et qu'il n'eût pas fait du guano tel usage que ses engagements l'obligeaient à en faire : ils portèrent leurs plaintes devant la cour de la Chancellerie, demandant qu'elle ordonnât que le guano reçut l'affectation spéciale qui leur avait été promise. La République du Pérou, assignée dans la personne de son ministre à Londres, fit défaut. La Compagnie consignataire du guano comparut et invoqua l'exception d'incompétence. La Cour reconnut cette exception fondée (2).

La Cour suprême de Vienne s'est aussi déclarée incompétente par arrêt du 4 septembre 1877. Un porteur d'une obligation de l'emprunt turc à primes de 792 millions, n'ayant pas reçu de la banque anglo-autrichienne chargée du service de cet emprunt le payement des intérêts, réclamait la nomination d'un curateur commun pour représenter les porteurs d'obligations turques en Autriche. Le tribunal civil

____

(1) Une convention signée en janvier 1862 entre le gouvernement péruvien et une Compagnie péruvienne, avait accordé à cette Compagnie la faculté d'être consignataire de tout le guano à exporter du Pérou en Angleterre et en Irlande : elle devait le vendre et laisser une certaine part du produit de la vente à la disposition du gouvernement péruvien.

(2) *Journal de Droit international privé*, 1876, p. 125.

de Vienne repoussa cette demande par un jugement du 25 mai 1877. L'appel contre ce jugement fut rejeté. Un recours fut formé contre la décision de la Cour d'appel. La Cour suprême le repoussa.

Les tribunaux ont eu aussi à prendre parti sur notre question, à propos d'administrations dépendant de l'Etat étranger.

La Société générale établie à Bruxelles pour favoriser le développement de l'industrie nationale avait pris part, en juin 1830, à une émission de bons du syndicat d'amortissement de Hollande. En 1839, le syndicat et la Société ne s'étaient pas encore entendus sur le payement du prix des bons. Saisie-arrêt fut pratiquée par le syndicat sur les biens de la Société à Amsterdam. Elle demanda la main levée devant le tribunal de Bruxelles. Le syndicat y opposa une exception d'incompétence fondée sur ce qu'il faisait partie de l'administration générale du gouvernement des Pays-Bas : créé par une loi du 27 décembre 1822 1), son but était de remplacer la Direction générale de la Caisse d'amortissement des

1) Art. 1er — Le Syndicat est une administration nouvelle créée pour remplacer la direction générale de la Caisse d'Amortissement et le Syndicat des Pays-Bas.

Art. 2. — Les fonds appartenant aux deux établissements prénommés passeront sous l'administration du Syndicat auquel sont également assurés leurs bénéfices et revenus, à charge de toutes les obligations imposées à ces deux établissements. L'article 37 se

Pays-Bas. Il agissait sous les ordres et pour le compte exclusif du gouvernement. Peu importe qu'il ait été soumis à des règles particulières, affranchi par exemple de la juridiction de la Cour des Comptes : il n'agissait toujours que dans l'intérêt de l'Etat : il faisait partie de l'administration du royaume des Pays-Bas.

Aussi la Cour de Bruxelles se déclara-t-elle incompétente le 30 décembre 1840 : le tribunal de Bruxelles avait jugé en sens contraire le 20 juin 1840 (1).

Section III. — *Cas où les tribunaux sont compétents.*

Les tribunaux sont compétents dans quelques cas.

Si un Etat étranger traduit devant les tribunaux n'oppose pas l'exception d'incompétence, les tribunaux le jugeront. Il a renoncé à son privilège; il rentre dans le droit commun. Les juges ne pourraient pas opposer d'office l'exception d'incompétence. C'est dans l'intérêt de l'Etat étranger qu'elle

charge du payement des rentes de la dette nationale. Il est aussi chargé, comme son nom l'indique, de pourvoir à l'amortissement de la dette nationale.

(1) *Pasicrisie belge.* — Arrêts de Cour d'appel, 1841, p. 33.

existe ; s'il refuse de s'en prévaloir, c'est sans doute parce qu'il préfère que le procès soit terminé : il est seul juge de ce qu'il lui convient de faire.

Il se peut qu'un Etat fasse des actes qui n'ont aucun rapport avec la mission politique qu'il doit remplir : alors les tribunaux seront compétents. Ainsi si un Etat étranger se transforme en commerçant et fait des actes de commerce, il sera soumis à la juridiction des tribunaux pour les difficultés occasionnées par des actes où le caractère souverain de l'Etat n'était pas engagé et qui n'étaient pas nécessaires à l'accomplissement de ses devoirs politiques. Il a prouvé, en se livrant à des actes de commerce, qu'il entendait renoncer à ses priviléges. Mais il est souvent difficile de savoir si l'acte qui, pour un particulier, est un acte de commerce en est un pour l'Etat. Un Etat achète du sel ou du tabac ; il achète pour revendre. Néanmoins, y a-t-il là des actes de commerce ? nous en doutons ; nous croyons que ces actes étant destinés à préparer la levée d'un impôt, leur caractère commercial s'efface devant leur caractère politique.

Néanmoins il se peut que dans des cas rares l'Etat fasse des actes de commerce : les tribunaux étrangers seront compétents.

La jurisprudence est en ce sens. En 1873 le gouvernement du khédive avait envoyé en Angleterre, afin de le faire réparer, un navire le *Charkieh*, qui était habituellement employé au service de la poste : pour diminuer les frais, le *Charkieh* avait pris un chargement de marchandises à destination de l'Angleterre et il avait été loué à un commerçant anglais pour le retour. L'acte de commerce était certain. Le *Charkieh* ayant abordé dans la Tamise un autre vaisseau, le gouvernement du khédive fut de ce chef poursuivi en payement de dommages-intérêts. Malgré ses réclamations, la Haute Cour de l'Amirauté retint l'affaire (1). « Je ne connais, dit Sir R. Phillimore, aucun principe de droit international, aucune décision judiciaire, aucune parole de jurisconsulte qui autorise un souverain à prendre le caractère de commerçant quand il y a intérêt, et à s'en dépouiller quand il a encouru une responsabilité vis-à-vis d'un particulier. »

Les tribunaux sont aussi compétents pour juger les procès que soulève l'exploitation des chemins de fer par une compagnie dépendant d'un Etat étranger.

(1) La raison que le tribunal mit en première ligne, fut que le khédive n'avait pas droit aux immunités connues sous le nom d'exterritorialité. Mais il fut jugé en outre que s'il y avait eu droit, il n'y aurait pas eu lieu de l'en faire profiter, car il s'agissait d'un acte de commerce.

Par ordre impérial du 9 décembre 1871 il a été institué à Strasbourg, sous le nom de Direction Générale Impériale pour les chemins de fer, une administration ressortissant directement à la Chancellerie de l'Empire, et possédant tous les droits, devoirs et qualités d'une administration publique.

Les tribunaux français se sont toujours reconnus compétents dans les procès qui l'intéressaient (1). Pendant quelque temps, la Direction des chemins de fer d'Alsace-Lorraine refusa d'admettre cette compétence : aujourd'hui, elle ne fait plus difficulté de la reconnaître. C'est avec raison, croyons-nous, car les opérations qu'elle accomplit en qualité de commissionnaire de transport, constituent aux termes de l'article 272 du Code allemand, des actes de commerce. Si la Direction des chemins de fer d'Alsace-Lorraine a un procès, c'est la Compagnie de l'Est qui la représente en justice et plaide pour elle devant nos tribunaux. Mais la compétence de ces tribunaux ne s'étend pas à tous les procès où la direction des chemins de fer d'Alsace-Lorraine est intéressée en France ; car si une difficulté s'élève entre elle et la Compagnie des chemins de fer de l'Est, elle sera, en vertu de règlements spéciaux, tranchée par un tribunal arbitral.

(1) DALLOZ, 1885. I, 341.

Les tribunaux sont aussi compétents si un procès s'élève à propos d'immeubles dont un Etat est propriétaire à l'étranger. Les règles de compétence immobilière sont absolues : cette compétence résulte de la nature même des actions dont il s'agit : l'on comprend que la juridiction s'étende comme la souveraineté dont elle émane sur tous les immeubles qui font partie du territoire.

D'ailleurs, le principe que la juridiction territoriale est applicable aux immeubles est si généralement admis qu'on peut supposer, chez l'Etat qui s'est rendu propriétaire d'immeubles situés sur un territoire étranger, l'intention d'accepter la juridiction des tribunaux du pays où l'immeuble est situé.

Cependant la jurisprudence autrichienne est en sens contraire. A... avait intenté une action possessoire devant le tribunal de district (Bezirksgericht) de Vienne contre l'Empire d'Allemagne et contre l'architecte chargé de la construction du palais de l'ambassade d'Allemagne à Vienne. Il alléguait que cette construction l'avait troublé dans la possession de son palais voisin. Son action n'ayant pas été accueillie, le demandeur se pourvut contre cette décision. La Cour suprême rejeta le pourvoi le 3 janvier 1878.

Quelquefois un acte international prend soin de

soumettre à d'autres tribunaux que les siens l'Etat propriétaire d'immeubles à l'étranger. L'Etat bavarois possède de grandes forêts sur le territoire autrichien près de Salzbourg. Quand il est défendeur dans un procès où il est engagé, comme propriétaire de ces forêts, avec un sujet autrichien, il va plaider devant les tribunaux autrichiens de Salzbourg; s'il est demandeur, il plaide devant le tribunal des défendeurs (Convention du 18 mars 1829 entre l'Autriche et la Bavière (1).

(1) V. von Püttlingen. Handbuch des in Œsterreich. Ungarn geltenden internationalen Privatrechtes.

CHAPITRE III.

Les mêmes règles de compétence sont applicables, quand ce n'est plus l'Etat étranger lui même,
mais un de ses agents qui est cité devant les
tribunaux. Il n'est pas rare que le cas se présente, car les affaires traitées par un Etat étranger
sont souvent compliquées et elles exigent que des
intermédiaires y prennent part ; ainsi quand un Etat
étranger veut emprunter, il fait négocier l'emprunt
par des banquiers. Ils doivent profiter de l'immunité de juridiction de l'Etat qu'ils représentent ;
mais seulement dans la mesure où ils ont agi en
qualité de mandataires de l'Etat emprunteur.

En juin 1870, un emprunt péruvien de 11 millions
920.000 livres émis à 82 1/2 o/o avait été négocié en
Angleterre par MM. Dreyfus et Schrœder, agents du
gouvernement péruvien. Cet emprunt était destiné à
la construction de chemins de fer : les plus sérieuses
garanties inspiraient confiance : le gouvernement
péruvien faisait entre autres promesses celle de

consacrer au service de l'emprunt les produits de la vente du guano à importer dans le Royaume-Uni et ses colonies, le continent européen et les Etats-Unis, déduction faite des engagements déjà contractés par le gouvernement. Un prêteur anglais avait acheté des bons pour une somme de 3.265 l. s. 12. Les intérêts de ces bons furent régulièrement payés jusqu'en juillet 1873 : depuis, des quantités considérables de guano ont été envoyées aux agents du gouvernement péruvien : des ventes eurent lieu, mais quand les créanciers demandèrent que le produit en fût consacré au payement des intérêts, satisfaction leur fut refusée. Confirmant un jugement de première instance, la Cour de Chancellerie se déclara incompétente (1).

Mais si les banquiers se sont en outre engagés envers les créanciers, soit en vertu d'une convention, soit par suite de délits ou de quasi-délits (2) les tribunaux nationaux redeviennent compétents : en effet, quel motif pourrait-on invoquer en faveur de

______

(1) *Journ. Dr. int. pr.* 1878, p. 46.

(2) Le quasi-délit peut résulter de la négligence, de l'imprudence et de la témérité du banquier si, trompés par ses agissements personnels, les souscripteurs se sont engagés dans une affaire qui n'était pas sérieuse ; par exemple, le banquier a émis des titres sans valeur et publié de fausses déclarations de son mandant, bien qu'il lui eût été facile de les contrôler. — Cour de Paris, 22 mars 1877. — Dalloz, 1879. II. 40.

leur incompétence? elle n'était admise qu'à cause de la participation des banquiers aux privilèges du gouvernement dont ils étaient les mandataires ; si, rejetant cette qualité, ils s'engagent selon le droit commun avec les créanciers, le droit commun doit reprendre son empire et les tribunaux redevenir compétents.

La question a été jugée dans ce sens en 1878. Le gouvernement du Pérou avait émis en 1868 et 1872 deux emprunts par l'intermédiaire des sieurs Dreyfus et Cie, banquiers. Les coupons semestriels n'ayant pas été payés le 1er janvier 1876, un groupe de souscripteurs assigna devant le tribunal civil de la Seine les sieurs Dreyfus et Cie. Le 10 janvier 1877, un jugement du tribunal civil de la Seine n'accorda aux demandeurs que le droit de faire procéder à une reddition de comptes de toute l'opération. Le 25 juin 1877, la Cour « considérant que l'action formée contre les sieurs Dreyfus frères et Cie se fondait, indépendamment du mandat qu'ils ont reçu du gouvernement du Pérou pour l'émission et le service des deux emprunts de 1870 et 1875, sur l'existence d'un engagement personnel qu'ils auraient contracté envers les créanciers, soit en vertu de convention, soit même par suite de quasi-délit ; que le gouvernement péruvien n'y étant pas partie, les appelants ne pouvaient invoquer comme fin de non-recevoir contre elle le principe de droit des gens qui consacre l'indépendance réciproque des États et s'oppose à ce que l'un d'eux usurpe sur l'autre un droit de juridiction à l'effet de connaître des actes et des engagements de ce dernier ; » rejeta l'exception d'incompétence : mais elle jugea au fond que les sieurs Dreyfus et frères n'avaient agi que comme mandataires du gouvernement péruvien, et qu'ils n'avaient fait aucune manœuvre qui engageât leur responsabilité. Les créanciers du gouvernement péruvien ont déféré l'arrêt de la Cour de Paris à la Cour de cassation, qui a rejeté le pourvoi, le 14 août 1878 (1).

Le 26 février 1880, la Cour de Paris appliqua les mêmes principes à propos d'une demande de dommages-intérêts formée par des porteurs d'obligations de l'emprunt de Honduras contre MM. Herran, Pelletier, Bischoffsheim, Scheyer et la maison de banque Dreyfus et Scheyer (2). Un premier emprunt de 25 millions avait été émis en 1857 à Londres et négocié par MM. Gutierrez et Herran, ministres plénipotentiaires de la République de Honduras en Angleterre et en France. Il devait servir à la créa-

(1) DALLOZ, 1879, I, p. 57 et suiv.
(2) Le *Droit*, 3 mars 1880. — *Gazette des Tribunaux*, 6 mars 1880.

tion d'une ligne de chemin de fer interocéanique reliant l'océan Atlantique à l'océan Pacifique. Un second emprunt de 62 millions fut négocié en 1869 par la maison Dreyfus et Scheyer de Paris, l'année suivante, un troisième emprunt était encore émis à Londres. Mais les sommes qui provinrent de ces emprunts furent dissipées : les porteurs d'obligations auraient dû toucher 2.230.000 livres sterling : ils n'en reçurent que 690.000. Dès 1871, les payements avaient cessé ; l'année suivante, une de ces révolutions si fréquentes dans les Républiques de l'Amérique du Centre et du Sud étant survenue, les travaux de chemins de fer furent abandonnés : on n'avait construit que 85 kilomètres.

Des porteurs d'obligations de l'emprunt de 1869 ont assigné devant le tribunal civil de la Seine MM. Herran, ancien ministre plénipotentiaire de la République de Honduras en France, Pelletier, ancien consul de la même puissance à Paris, MM. Bischoffsheim et Scheyer, membres de la commission de surveillance de l'emploi des fonds, MM. Dreyfus et Cie, banquiers chargés de l'émission des titres. On allégua contre les défendeurs que leur responsabilité était engagée par les manœuvres auxquelles ils s'étaient prêtés, notamment en publiant des prospectus et des brochures qui donnaient sur les ressources du Honduras des renseignements inexacts, et en procédant à un payement anticipé des coupons, afin de provoquer une hausse factice à la Bourse.

Le tribunal dans un jugement du 21 mars 1878, débouta les plaignants de leur demande : mais il ressort des termes de l'arrêt que sa compétence ne semblait pas douteuse au tribunal et que, s'il n'a pas condamné les banquiers traduits à sa barre, ce fut seulement parce que les faits allégués ne lui semblaient pas de nature à avoir engagé leur responsabilité.

« Attendu disait le jugement, qu'il n'est point justifié que les défendeurs aient employé des moyens illicites pour écouler des titres non encore placés. »

Le tribunal avait repoussé complètement la demande. En appel, la Cour fit un départ entre les faits allégués, et distingua selon que les banquiers incriminés devaient être considérés comme ayant agi en qualité d'agents du gouvernement emprunteur ou pour leur propre compte comme de simples particuliers. Ainsi, on prétendait que les défendeurs avaient fait partie d'une commission de surveillance, qu'infidèles à leur mission, ils n'avaient exercé aucun contrôle sur l'emploi des fonds et que leur responsabilité était engagée par cette négligence Mais cette commission de surveillance avait été instituée par un acte du gouvernement de Honduras : elle n'avait fonctionné que par sa volonté, en vertu de sa délégation : il était donc impossible de considérer les défendeurs comme s'étant engagés personnellement : ils n'avaient agi que comme agents du Honduras. On alléguait en outre les renseignements inexacts qui auraient trompé les créanciers; mais la publication du prospectus était un acte gouvernemental accompli par le ministre plénipotentiaire de Honduras en sa qualité d'agent officiel de cet Etat, et les autres brochures incriminées n'étaient que la paraphrase ou la reproduction de documents officiels. Quant aux manœuvres frauduleuses telles que l'envoi en France à une époque concordante avec l'émission de l'emprunt de cargaisons fictives de bois d'acajou, dans le but de faire croire à l'existence réelle des produits des forêts du Honduras, l'annonce du payement anticipé des coupons des obligations, afin d'augmenter la confiance du public, l'annonce dans le même but, de tirages également anticipés de ces mêmes obligations, enfin l'attribution de commissions et de remises exagérées aux banquiers et autres personnes chargées de l'émission de l'emprunt, c'étaient des actes qui avaient été faits au nom du gouvernement de Honduras par ses agents.

Au contraire, la Cour admit la preuve de faits personnels aux intimés en ce qui concernait l'émission des emprunts, l'encaissement des titres, les commissions abusives, les cours factices, les opérations d'un syndicat du placement des titres.

Les mêmes principes furent appliqués par la Cour de Bruxelles le 14 août 1877 : elle se déclara compétente dans une demande de dommages-intérêts dirigée contre Dreyfus et Cie agents du gouvernement péruvien, car les demandeurs invoquaient un engagement personnel aux défendeurs (1).

Les tribunaux ne cesseraient même pas d'être compétents si l'exécution des obligations des banquiers et de la condamnation poursuivie contre eux devait ouvrir en leur faveur un recours contre l'Etat étranger (2); mais ce recours ne pourrait pas être jugé par tribunaux, car un Etat étranger y serait intéressé. On pourrait dire, il est vrai, qu'aux termes de l'article 181 du Code de procédure civile « ceux qui seront assignés en garantie seront tenus de procéder devant le tribunal où la demande originaire sera pendante » et que dès lors la compétence des tribunaux à l'égard des banquiers doit être étendue à l'action en garantie dirigée contre l'Etat étranger. Mais la règle de l'article 181 fondée sur

(1) *Journal de Droit international privé*, 1878, p. 515.
(2) Arrêt de la Cour de Paris, 25 juin 1877. DALLOZ, 1879. I. 57.

des considérations d'utilité, sur l'avantage d'écono-
miser le temps et les frais, d'abréger la procédure
et d'éviter la possibilité de décisions judiciaires oppo-
sées sur la même question, n'est pas absolue. Elle
ne reçoit son application que dans les limites de la
compétence du tribunal où la demande originaire est
pendante : ainsi elle peut avoir pour effet d'attribuer
à la juridiction commerciale la connaissance d'une
question purement civile (1). De même, l'autorité
judiciaire connaît de l'action intenté contre le propriétaire par le locataire dont la jouissance a été
troublée par l'exécution de travaux publics; mais, si
le propriétaire exerce un recours contre l'administration, la juridiction administrative est seule compétente (2).

Nous avons déjà observé que les tribunaux sont

(1) Arrêt de la Cour de Paris, 22 mai 1877. D. 1878. II, 211. —
Bioche, *Dictionnaire de procédure civile*, 5e édition, v° garantie,
n° 59. Boitard et Colmet Daage, *Leçons de procédure civile*,
12e édition, t. I, n° 390, — Rodière, *Cours de compétence et de procédure civile*, 4e édition, t. I, p. 101, et les arrêts cités dans le *Code
de procédure civile annoté*, art. 181, n° 71 et suiv.

(2) Conseil d'État, 27 février 1849, Bory c. Boucher et le dépar-
tement de la Seine. — Tribunal des conflits, 3 juillet 1850. D. 1851,
III, 18. Pairel c. ville de Vitré. — Conseil d'État, 11 août 1861.
Vve Reine et Garrigues c. département de l'Hérault. D. 1861,
V, 501. — Conseil d'État, 11 avril 1872. Hergault-Losinière.
D. 1873, III, 13. — Les tribunaux civils jugent de même. Tribunal
civil de la Seine, 24 juin 1854. Friang c. Hareng et le préfet de
la Seine, III, 35.

compétents pour juger les actes de commerce d'un Etat étranger. Ils sont aussi compétents, si une difficulté survient à propos des actes de commerce faits par un agent de l'Etat étranger. Le capitaine du navire, le *Havre*, avait livré son chargement à un sieur Rau à Ostende : il l'assigna en payement du fret devant le tribunal de commerce d'Ostende compétent puisque le fret se règle au port de débarquement et que le réceptionnaire en est débiteur. Rau prétendit qu'il était agent de l'Etat péruvien et qu'il devait à ce titre jouir de l'immunité de juridiction réservée à l'Etat lui-même. Le tribunal et la Cour furent d'un avis différent car il s'agissait d'un acte de commerce.

Il nous reste à noter la disposition de quelques traités internationaux qui enlèvent à la juridiction territoriale la connaissance des actes punissables commis par les agents d'un gouvernement dans l'exercice de leurs fontions à l'étranger.

Un traité de commerce et de douane avait été signé le 19 février 1853, entre l'Allemagne et l'Autriche (1): après un échange de déclarations ministérielles, il fut convenu entre les gouvernements autrichien d'un côté, prussien, bavarois et saxon de l'autre que les

____

(1) *Handbuch des in Oesterreich-Ungarn Geltenden Internationales Privatrechts von V. von Puttlingen*, p. 365 et suiv.

employés et préposés à la douane seraient justicia-
bles des tribunaux de leurs pays pour les actes punissables (1) auxquels ils se seraient livrés dans l'exercice de leurs fonctions en territoire étranger. Ces
prescriptions ne paraissent pas avoir été abolies
par le traité du 9 mars 1868.

Le traité du 29 septembre 1869 entre l'Autriche
et la Saxe, qui a trait aux chemins de fer situés sur
les frontières de Bohême et de Saxe, près de Weipert,
Georgswald et Warnsdorff renferme aussi des dispositions particulières sur la juridiction compétente.
Le gouvernement saxon se proposait de prolonger la
ligne sur le territoire autrichien depuis la gare de
Warnsdorf jusqu'à la frontière près de Séifheu-
nersdorf. L'article 7 du traité, après avoir donné au
gouvernement saxon le droit d'expropriation sur le
territoire autrichien, d'après les dispositions légis-
latives en vigueur en Autriche-Hongrie, lui reconnaît
aussi le droit de nommer les agents employés au
service de la ligne située en Autriche, et d'exercer
sur eux un pouvoir disciplinaire. On réserve aussi
aux autorités saxonnes le soin de prescrire des
enquêtes contre les agents saxons employés aux travaux de la ligne ou à la gare de Warnsdorff, à cause

---

(1) Le terme employé « *Strafbare Handlungen* », est aussi général
que possible.

des accidents et des dommages causés par leur négligence dans leur service.

Ce sont là des dispositions exceptionnelles. Ainsi les conventions conclues entre l'Autriche et les Etats limitrophes, Saxe, Prusse, Bavière et Suisse contiennent des règles sur la juridiction dans les gares de ces différents pays. Quand il est en pays étranger, le personnel du chemin de fer est soumis aux lois et ordonnances du pays où il se trouve et la juridiction territoriale est compétente (1).

La France a aussi conclu des traités avec les nations voisines, relativement à la situation des agents dans les gares communes de la frontière. Une convention fut signée à Paris le 20 janvier 1879 entre la France et l'Italie pour l'établissement de gares internationales à Modane et à Vintimille. L'article 17 est ainsi conçu : « En ce qui concerne les délits et crimes commis dans la gare ou sur la voie et qui tombent sous l'application des lois et ordonnances françaises, la compétence des tribunaux ordinaires français est expressément réservée, même à l'égard de tout sujet ou agent italien.

« Les autorités judiciaires françaises informeront

(1) Convention avec la Bavière. 17 juin 1863; avec la Bavière et la Suisse, 5 août 1865 et 27 août 1870; avec la Saxe, 31 décembre 1850, 30 novembre 1864 et 29 septembre 1869; avec la Prusse, 23 février 1861 et 5 avril 1867.

le gouvernement italien des poursuites dirigées contre ses nationaux et de leur résultat.

« Le droit de dresser des procès-verbaux en vertu de l'article 23 de la loi française du 15 juillet 1845, n'appartiendra, sur le territoire français, qu'aux agents de la Compagnie, agréés par l'administration française et dûment assermentés. »

CHAPITRE IV.

DE LA LOI APPLICABLE PAR LES TRIBUNAUX ET DES DIFFICULTÉS D'EXÉCUTION DE LEURS JUGEMENTS DANS LES CAS OU LEUR COMPÉTENCE EST RECONNUE.

Section I. — *De la loi applicable.*

Les tribunaux se sont déclarés compétents : deux questions restent à résoudre. Quelle loi sera applicable? Comment la sentence sera-t-elle exécutée?

La loi applicable sera celle de la convention qu'il a plu à l'Etat étranger de faire à moins qu'elle ne contienne une mesure contraire à l'ordre public. Un Etat, même lorsqu'il contracte, est soumis à des nécessités que les particuliers ignorent ; il a besoin de plus de franchise, d'une indépendance plus grande. Il ne faut pas lui appliquer la loi civile; mais la loi du contrat qu'il a fait. Quand un Etat traite avec ses nationaux pour un emprunt, il ne se considère pas comme lié par les prescriptions de la loi civile de son pays. Quand deux gouvernements traitent entre eux, chacun d'eux n'est pas tenu d'observer la loi civile de son propre pays ou celle du pays où le traité a été conclu. « Ce n'est pas la loi civile d'un pays qui s'abaisse devant la loi civile d'un autre pays. C'est la loi civile qui s'efface devant la loi politique à laquelle seule est soumis un Etat étranger, même quand il traite avec des particuliers (1). »

La jurisprudence française est en ce sens (2). Le gouvernement ottoman avait émis un emprunt en 1874 : une avance de 40 millions lui avait été fournie par divers établissements français de crédit. L'échéance de remboursement avait été fixée successivement au 15 mai, puis au 15 juin et enfin au 15 juillet 1874. Il avait été en outre convenu à la date du 15 juillet que les valeurs déposées en gage par le gouvernement ottoman pourraient être vendues, cinq jours après une mise en demeure adressée par lettre à l'ambassade ottomane.

Le délai de cinq jours fut observé. Les prescriptions de la convention ont donc été respectées. Mais la loi française prescrit dans l'article 2058 du Code civil certaines formalités pour la vente du gage (2). Le

(1) Conclusions de M. Ribot, substitut du procureur de la République, dans le procès du gouvernement ottoman contre le Comptoir d'Escompte, la Société générale, la Banque de Paris et le baron Hirsch.

(2) L'art. 2078 n'est pas d'ordre public. Il s'agit d'une mesure de protection pour les individus à laquelle la loi elle-même a apporté des tempéraments dans l'intérêt du commerce ou de certains établissements de crédit a 91 revisée en 1863 ; loi du 27 mai 1834.

gouvernement ottoman se plaignit qu'elles n'eussent pas été observée, et réclama 10 millions de dommages-intérêts ou la restitution des valeurs déposées. Sa demande fut rejetée.

S'il s'élève une difficulté, dont le règlement n'est pas prévu par le contrat, elle sera tranchée par la loi de l'État étranger. La jurisprudence anglaise est en ce sens (1).

Mais si le procès est relatif à un immeuble dont l'État étranger est propriétaire, la loi applicable sera la loi territoriale. « La souveraineté, disait Portalis, est indivisible ; elle cesserait de l'être, si les portions d'un même territoire pouvaient être régies par des lois qui n'émaneraient pas du même souverain. Il est donc de l'essence même des choses que les immeubles dont l'ensemble forme le territoire public d'un peuple, soient exclusivement régis par les lois de ce peuple (2). »

Section II. — *Des difficultés d'exécution du jugement.*

Les tribunaux ont jugé l'État étranger : tout n'est pas terminé : il reste à établir comment la sentence sera exécutée.

(1) Cour de Chancellerie, 27 mai 1869; *Journal de Droit international privé* 1876, p. 125.
(2) Locré, t. I, p. 582.

S'il s'agissait d'un procès entre un Etat et un de ses sujets, la sentence ne pourrait pas être exécutée par les voies ordinaires sur les biens du débiteur, car il n'appartient pas aux tribunaux de disposer d'un patrimoine affecté à un service d'utilité publique : la propriété est une charge pour l'Etat propriétaire ; il doit faire servir sa propriété à l'intérêt général qui ne doit pas être sacrifié à l'intérêt particulier, si légitime qu'il soit, des créanciers non payés (1).

Il n'y a pas de raisons pour qu'il en soit autrement quand le débiteur est un Etat étranger. Quelle serait en effet la situation de cet Etat si ses deniers pouvaient être saisis ? La marche des affaires n'en serait-elle pas entravée ? La gestion des finances publiques est déjà assez compliquée sans que des

---

(1) L'insaisissabilité des biens domaniaux résulte en France des lois qui régissent le domaine : il n'est dérogé à l'inaliénabilité absolue admise par l'ancien droit que si l'aliénation est volontairement consentie par le pouvoir législatif. La loi du 22 novembre 1790, art. 8 et 9, est ainsi conçue : « Les domaines nationaux et les droits « qui en dépendent sont et demeurent inaliénables sans le consen- « tement et le concours de la nation.

« Les droits utiles et honorifiques, ci-devant appelés régaliens et notamment ceux qui participent de la nature de l'impôt ne sont « point communicables ni cessibles. »

La loi sur les douanes du 22 août 1791 (titre XII, art. 9) prononce une amende de 1.000 francs et la peine de l'interdiction contre l'huissier qui saisirait les produits des droits entre les mains des redevables ou des receveurs de la régie. — Cf. le droit du 2 germinal an XII, art. 248, relatif au produit des droits réunis.

événements imprévus viennent y jeter le désordre. Le budget est réglé à l'avance : si des sommes importantes sur lesquelles on comptait sont saisies-arrêtées à l'étranger, cette surprise peut amener le déficit. Il est préférable de garantir moins énergiquement le droit de créanciers qui d'ailleurs pouvaient s'éclairer avant de contracter avec un Etat étranger, et qui, en contractant avec lui, ont indiqué qu'ils acceptaient les lenteurs administratives.

D'ailleurs, si on permettait aux créanciers de saisir-arrêter les biens de l'Etat étranger entre les mains de ses débiteurs, on risquerait de compromettre l'intérêt de ces derniers, car l'Etat étranger ne pourrait pas être obligé de reconnaître comme libératoires pour ses débiteurs les payements qu'ils auraient faits à ses créanciers. Il pourrait continuer à user de tous ses droits contre ses débiteurs : c'est à cet injuste résultat que mènerait la saisie-arrêt du bien d'un Etat étranger, si elle était validée par les tribunaux.

Il se peut donc que le créancier de l'Etat étranger ne soit pas payé, malgré le jugement qu'il obtient contre son débiteur. Cette inconséquence n'a pas effrayé Laurent : elle est même le fondement de son système (1) : il applique à notre question la solution

(1) Laurent. *Droit civil international*, t. III, p. 89 et suiv.

de la jurisprudence belge à propos des contestations entre l'Etat belge et les particuliers : les tribunaux peuvent déclarer le droit, non le faire exécuter (1). Les créanciers dont les titres sont reconnus valables ne peuvent agir par une voie quelconque d'exécution soit mobilière, soit immobilière, soit de saisie-arrêt. Laurent reconnaît que malgré les appels des publicistes au droit, et à l'intérêt même des Etats, les réclamations des créanciers armés de leur jugement pourraient rester sans effet. Il est d'avis qu'il y a là « un grand mal ». Personne n'en doute. Mais si, comme l'ajoute Laurent, c'est un mal sans remède dans l'état actuel des sociétés politiques, ne faut-il pas du moins diminuer le nombre de cas où les tribunaux seraient exposés à rendre des jugements qui ne seraient pas suivis d'exécution ? C'est un argument de plus à l'appui de la doctrine que nous avons admise sur la compétence très restreinte des tribunaux à l'égard des Etats étrangers.

L'insaisissabilité des biens d'un Etat étranger nous paraît certaine. Cependant on n'a pas toujours décidé qu'on ne pouvait pas procéder à des saisies-arrêts de ces biens.

La question n'est pas nouvelle : sans doute, son importance grandit à mesure que la fréquence

(1) *Pasicrisie belge*, 1842, I, 25. — 1834, II, 192. — 1835, II, 298.

des relations internationales s'accroît ; mais les anciens auteurs l'ont déjà discutée et même ce n'était pas pour eux un simple jeu d'école : car ils nous ont conservé des décisions de jurisprudence assez nombreuses sur la matière. Avant de les examiner nous devons remarquer que si les anciens auteurs semblent ne pas traiter la question telle qu'elle se présente aujourd'hui devant les tribunaux, cette différence est plus apparente que réelle : car, si au lieu de parler de l'immunité de juridiction des Etats étrangers, ils se servent des termes de souverain, roi, reine, la confusion qui existait alors entre l'Etat et celui qui était à sa tête l'explique aisément. La maxime « l'Etat c'est moi » était alors la base du droit public : c'est en s'en inspirant que les anciens auteurs se sont servis des termes que nous citions ; mais ce qu'ils décidaient pour le souverain étranger était applicable à l'Etat étranger, puisque souverain et Etat étaient alors confondus.

On admettait généralement qu'on pouvait faire saisir les biens d'un prince s'ils se trouvaient dans le territoire d'un autre Etat. « *Quin ratione rei, etiamsi qui possidet honore superior sit, inferioris jurisdictionem subit* », dit Hilliger, cité par Bynkershoeck (1).

(1) BYNKERSHOECK, *Traité du juge compétent des ambassadeurs,* ch. IV.

Bynkershoeck se range au même avis : il remarque que les biens qu'un prince a acquis dans les terres d'un autre souverain sont soumis aux mêmes charges et impôts que les biens des particuliers et que « les biens étant donc dépendants par eux-« mêmes, ils doivent aussi, en tout et partout, « subir la loi du souverain des lieux où ils se « trouvent. »

Bynkershoeck cite quelques faits qui prouvent qu'en Hollande au xviie siècle on reconnaissait aux tribunaux le droit de permettre la saisie-arrêt de biens appartenant à un Etat étranger. En 1628, les Etats généraux décidèrent que le créancier non payé de l'électeur de Brandebourg pourrait faire saisir les biens que l'électeur possédait dans le ressort du Conseil de Brabant et de celui des Flandres. En 1670, les Etats de Hollande rendirent une ordonnance semblable dans une affaire qui concernait la République de Venise : un marchand d'Amsterdam fut autorisé à faire saisie-arrêt entre les mains des débiteurs de la République de Venise à Amsterdam. En 1689, ce fut un créancier du duc de Mecklembourg qui fit saisir les biens de son débiteur, et malgré les plaintes du duc aux Etats généraux, l'arrêt ne fut pas levé. Quelques années plus tard, des vaisseaux et des marchandises appartenant au duc de Courlande furent saisis-arrêtés à Amsterdam en vertu d'une ordonnance du Haut-Conseil.

Sans doute, Bynkershoeck cite d'autres cas, où les tribunaux refusèrent de valider la saisie-arrêt faite par des particuliers sur les biens appartenant à un gouvernement étranger : en 1658, des créanciers du roi d'Espagne firent arrêter trois vaisseaux de guerre abordés dans le port de Flessingue; mais sur les plaintes de l'ambassadeur d'Espagne, la saisie fut levée le 12 décembre.

La cour de Frise décida aussi qu'une somme due à l'empereur, laquelle se trouvait entre les mains du trésorier de la province, ne pouvait pas être saisie.

Mais ces cas sont isolés, et l'opinion qui dominait était celle de Bynkershoeck.

Un siècle plus tard en 1788, cette opinion était enseignée par Martens, professeur à Gœttingue. « Les biens immeubles qu'un souverain étranger possède chez nous, dit-il, ne sont pas dans la règle, exempts d'impôts ; et quant à ses biens, comme aussi quant aux biens meubles qui appartiennent à la personne d'un souverain absent, ils sont soumis à la juridiction de l'Etat où ils se trouvent, par conséquent à la saisie et à la séquestration sollicitées par nos sujets dans les cas où, en général, les lois permettent une saisie de droit, et fondent sur elle la juridiction (1). »

Aujourd'hui, la jurisprudence reconnaît avec raison, croyons-nous, pour les motifs indiqués au début du chapitre que les biens d'un Etat étranger ne peuvent pas être saisis.

En 1828 des difficultés s'élevèrent entre la République d'Haïti et la maison Ternaux-Gandolphe et Cie avec laquelle la République avait négocié l'émission d'un emprunt pour pourvoir au premier cinquième de 150 millions que la République devait payer à la France, aux termes du traité qui reconnaissait son indépendance. La République d'Haïti ne fournit pas les fonds nécessaires et la maison Ternaux-Gandolphe et Cie fit saisie-arrêt chez divers consignataires des valeurs qui étaient la propriété du gouvernement haïtien. Cette saisie-arrêt fut infirmée par le Tribunal de la Seine, 2 mai 1828 (2).

Le même jour le tribunal de la Seine jugea aussi dans ce sens. En 1819 l'Espagne voulait reconquérir ses colonies ; mais n'ayant pas de vaisseaux pour y transporter ses troupes, elle passa avec la maison Balguerie de Bordeaux un contrat aux termes duquel cette maison permettait de fournir, dans un certain

(1) *Précis du droit des gens moderne de l'Europe*, Liv. V, n° 173.
(2) Dalloz, 1849, 1, 6, et *Gazette des Tribunaux*, 3 mai 1828.

délai, le nombre nécessaire de vaisseaux de transport. Le gouvernement espagnol s'engageait à payer une indemnité de deux réaux par jour, par tonneau, si l'embarquement tardait. La Compagnie tint ses engagements et le gouvernement espagnol consentit même à doubler l'indemnité dûe à raison du retard. Un jugement du tribunal de Madrid reconnut les droits de la maison Balguerie ; mais elle ne fut pas payée. C'est alors qu'elle fit opposition sur les fonds espagnols en caisse chez M. Aguado. Le Tribunal de la Seine refusa de valider la saisie-arrêt.

D'autres décisions se rattachent à l'histoire des emprunts espagnols. Ferdinand VII investi d'un pouvoir absolu après l'intervention française s'en servit pour annuler tous les actes faits par le gouvernement constitutionnel, du 7 mars 1820 au 1er octobre 1823 (Décret du 1 octobre 1823). Or les emprunts avaient été très fréquents pendant cette période et ils représentaient presque toute la dette espagnole. Le décret du 21 février 1831 répara dans une certaine mesure celui de 1823 : il décida que 20 o/o du capital des anciens bons des Cortès seraient convertis en rentes 3 % et que 80 % deviendraient des titres de rente différée qui, en quarante années, se transformeraient en titres de rente 3 % au moyen de tirages annuels. Les troubles qui éclatèrent à nouveau en 1834 empêchèrent que l'exécution de ces projets eût lieu : en 1835 dans la conversion générale de la dette espagnole, on ne parla même pas de la dette différée de 1831. Enfin la loi du 1er août 1851 fixant le sort de tous les créanciers espagnols mit les rentes différées de 1831 au nombre de celles qui étaient susceptibles d'être amorties.

En 1825 MM. Balguerie de Bordeaux porteurs de titres des emprunts des Cortès pratiquèrent entre les mains des banquiers Laffitte et Ardoin saisie-arrêt sur des deniers appartenant au gouvernement espagnol. La Cour de Paris refusa de valider cette saisie (7 janvier 1825).

Quelques années plus tard, la question fut de nouveau soumise aux tribunaux français et leur décision resta la même. Le 6 janvier 1858, saisie-arrêt fut faite par le sieur Duclos de Boussois, entre les mains de M. Barrajo président de la commission des finances d'Espagne à Paris « sur toutes les valeurs appartenant à l'Espagne pour sûreté et avoir payement des sommes dont le requérant est créancier comme porteur de certificats de la dette publique différée de 1831. » Le tribunal civil de la Seine ne valida pas la saisie-arrêt (Jugement du 22 avril 1858) (1).

La Cour de cassation se prononça pour la pre

(1) *Le Droit*, 29 avril 1858.

mière fois le 22 janvier 1849 (1); elle ne fit que confirmer la jurisprudence des tribunaux de première instance et des Cours d'appel que nous venons de rappeler.

Des négociants de Bayonne, les sieurs Lambège et Pujol, avaient fait une fourniture de souliers au gouvernement espagnol par l'entremise du sieur Colladre, négociant à Saint-Sébastien. Une lettre de change de 13.500 réaux que le ministre principal du trésor militaire d'Espagne tira de Saint-Sébastien sur l'intendant de la province d'Oviedo à l'ordre du sieur Antoine de la Revilla, agent militaire, devait servir à acquitter Lambège et Pujol. Mais, quand à l'échéance, elle fut présentée à l'intendant d'Oviedo, il déclara le 7 mai 1839 qu'il ne pouvait pas la payer; son refus était motivé par les instructions données au ministre des finances militaires de Saint-Sébastien par le gouvernement espagnol, dès le 15 novembre 1837. Pour obtenir leur payement, Lambège et Pujol firent saisir-arrêter toutes les sommes dues par le sieur Balasque au gouvernement espagnol.

Le tribunal de Bayonne valida la saisie-arrêt jusqu'à concurrence de 3.577.50 en capital et des intérêts 5 o/o depuis le 13 mai 1839. Sur l'appel interjeté par le ministre des finances d'Espagne. La Cour de Paris

(1) Dalloz, 1849, 1, 5.

confirme par arrêt du 6 mai 1845 le jugement du tribunal de Bayonne.

Pourvoi en cassation : la Cour cassa le 22 janvier 1849 l'arrêt de la Cour de Paris (1).

Depuis cet arrêt, la jurisprudence française n'a pas varié. Nous avons déjà cité un jugement du tribunal civil de la Seine du 22 avril 1858. Notre question fut jugée de même le 3 décembre 1875 (2).

La République haïtienne avait contracté un emprunt en France par l'entremise de la Société du Crédit général français. MM. Sée fils et Cie se prétendant créanciers du gouvernement haïtien firent opposition le 2 septembre 1875 entre les mains de la Société du Crédit général français sur les sommes qu'elle devait au gouvernement haïtien. Les saisissants furent assignés par le chargé d'affaires de la République d'Haïti à Paris devant le juge des référés pour s'entendre dire que, malgré leur opposition, la Société du Crédit général français serait autorisée à payer au gouvernement haïtien les sommes qu'elle lui devait. Le juge des référés statua en ces termes :

« Nous président,

« Attendu que l'opposition formée par Sée fils et Cie ne saurait arrêter les fonds que le gouvernement

(1) DALLOZ, 1849, I, 5.
(2) *Le Droit*, 3 décembre 1875.

d'Haïti peut avoir déposés à la Société du Crédit
général français... que la chose elle-même ne peut
faire l'objet d'une saisie-arrêt; qu'en effet les deniers
d'Etat sont insaisissables et ne doivent pas être
détournés de leur destination publique au profit
d'intérêts particuliers.

« Disons que, sans avoir égard à la défense ou opposition signifiée par Sée fils et Cie, le Crédit général
français doit se libérer envers le gouvernement de la
République d'Haïti des sommes ou valeurs qu'il
détient pour le compte de cet Etat (1). »

On porta aussi devant les tribunaux belges la
question de savoir s'ils devaient valider la saisie-
arrêt des biens d'un Etat étranger opérée en Belgique
par des créanciers belges.

La Société anonyme de Schlessin, près de Liège, se
prétendait créancière d'une somme de 47.845 francs
pour divers travaux exécutés dans ses fourneaux et
destinés à la voie ferrée de Scutari à Ismid. On
opposait, il est vrai, à la Société qu'elle n'avait pas
tenu fidèlement ses engagements, et qu'au lieu de
faire sa livraison dans le délai convenu de sept mois
et demi, à partir du 17 janvier 1872, elle avait tardé
jusqu'au 18 janvier 1873 : soit un retard de quatre

(1) *Le Droit*, 3 décembre 1875.

mois et demi. Une amende de 4.000 francs pour chaque semaine de retard avait été stipulée.

La Société devait donc, en faisant abstraction des quinze jours exigés par la traversée jusqu'à Constantinople, une amende de 67.000 francs, si bien que tout compte fait, c'était encore la Société qui restait débitrice de 16.155 francs envers le gouvernement turc. Quoi qu'il en soit, la Société agit comme si elle ne devait aucune indemnité, et chercha à faire sanctionner par diverses saisies-arrêts les droits auxquels elle prétendait : elle fit saisir une somme de 6.000 francs environ due au gouvernement turc par une Société belge par actions : elle fit aussi saisir à Anvers, des canons que l'usine Krupp avait fabriqués pour le compte du gouvernement turc. Une ordonnance du président du tribunal de commerce d'Anvers l'y avait autorisé le 21 septembre 1876.

Le tribunal civil déclara la saisie-arrêt nulle et illégale, le 11 novembre 1876.

Pour apprécier ce jugement il suffit, croyons-nous, d'observer sa date : elle coïncide avec la guerre turco-serbe : la Turquie avait donc un besoin pressant des canons qu'elle avait commandés à la maison Krupp : les saisir-arrêter, c'eût été la gêner dan sa défense : il nous semble que devant cette considération, l'intérêt des créanciers saisissants, tout respectable qu'il puisse être, perd beaucoup de son importance et que l'intérêt public de la défense nationale doit lui être préféré, comme quand il s'agit d'une servitude militaire (1).

La jurisprudence anglaise s'est également prononcée sur la question. En 1850 M. Wodsworth, porteur de titres de la dette espagnole différée de 1831, fit saisir arrêter les fonds du gouvernement espagnol entre les mains du président de la commission des finances d'Espagne à Londres. Reconnue valable par la Cour du maire et les adlermen de la Cité, elle fut annulée par le Banc de la Reine (2).

Le principe de la nullité d'une saisie-arrêt pratiquée sur les biens d'un Etat étranger a aussi été reconnue en Prusse. Il a toujours été admis qu'une opposition judiciaire, en Prusse, sur les biens d'un gouvernement étranger n'était pas possible et que les droits des nationaux ne devaient être poursuivis que par voie diplomatique. Il en fut ainsi notamment en 1814, lors d'une saisie-arrêt des biens du

(1) *Journal de Droit international.* — 1876. G. SPÉE. *De la compétence des tribunaux nationaux à l'égard des gouvernements et des souverains étrangers*, p. 378 et suiv., 435 et suiv.

(2) *Id.* H. F. VON HOLTZENDORFF, *Incompétence des tribunaux nationaux pour ordonner une saisie-arrêt sur des biens appartenant aux gouvernements étrangers*, p. 431 et suiv.

Ce dernier article a été reproduit avec quelques développements dans le *Iarbuch für Gesetzgebung, Verwaltung und Volks wirthschaft in Deutschem Reich.*, 1877, p. 180 et suiv.

gouvernement de Nassau, en 1832 et en 1834, lors de saisies-arrêts des biens des gouvernements russe et hessois (1).

Le Gerichtshof de Berlin a rendu récemment une décision dans le même sens. Un ingénieur de Berlin, Ziemer, était propriétaire de 125 obligations au porteur à 500 francs, émises le 1er mai 1880 par le gouvernement roumain. Un contrat conclu entre ce gouvernement et la Compagnie des chemins de fer roumains donnait aux porteurs d'obligations une hypothèque sur les chemins de fer de la Compagnie. Mais un arrêt du Reichsgericht de Leipzig, du 5 février 1881, ayant déclaré que ce contrat était nul, Ziemer, pour remplacer la sûreté qui dès lors n'aurait pas pu être fournie, fit saisie-arrêt jusqu'à concurrence de 25.000 marks sur les valeurs du gouvernement roumain déposées dans deux maisons de banque de Berlin. La saisie fut infirmée par le tribunal cantonal de Berlin ; sur le recours de Ziemer, le tribunal régional de Berlin déclara la saisie valable le 29 mars 1881. Le ministre des affaires étrangères, se fondant sur l'ordonnance du 1er août 1879 (2), éleva

(1) 1819. Tribunal de Saarbrück.

1832. Tribunal régional supérieur de Marienswerder, Tribunal régional supérieur de Paderborn.

(2) Le Tribunal des conflits est composé de onze membres dont six doivent appartenir au tribunal supérieur de Berlin. Les cinq autres doivent réunir les conditions exigées pour servir dans l'admi-

le conflit le 5 mai 1881. Il considérait que la saisie pratiquée était inadmissible et que c'était au ministre des affaires étrangères à faire valoir par voie diplomatique les droits des nationaux. Le Gerichtshof reconnut le 14 janvier 1882 que le conflit de compétence était fondé et que les moyens de droit employés par Ziemer devaient être rejetés.

La saisie-arrêt ne serait pas non plus validée si elle portait sur le matériel d'un chemin de fer exploité par l'Etat. Dans ce cas, le matériel est la propriété de l'Etat; il est consacré à un service d'utilité publique : il ne peut pas être saisi-arrêté. Comme les prévisions du budget ne peuvent être déroutées par la saisie-arrêt des deniers d'un Etat, de même, la

nistration ou remplir des fonctions judiciaires. Pour être nommé membre, il faut avoir l'âge de trente-cinq ans accomplis. Les membres sont nommés pour toute la durée des fonctions qu'ils exercent au moment de leur nomination. S'ils n'exercent aucune fonction à ce moment, ils sont nommés à vie. Leur révocation ne peut être prononcée que dans les conditions exigées pour les membres du tribunal de l'Empire. Le président et les autres membres sont nommés par le roi sur la proposition du ministre d'État (Art. 2 de l'ordonnance du 1ᵉʳ août 1879, applicable en Prusse).

Le Code d'organisation judiciaire de 1877 laissait aux États allemands l'option entre deux systèmes pour le règlement des conflits : confier le jugement à la juridiction supérieure ou à un tribunal spécial de compétence (*Competenz Gerichtshof*). Le premier système est pratiqué dans les États et principautés secondaires (Reuss-Anhalt, Saxe-Altenbourg, Saxe-Meiningen, Saxe-Weimar, Lippe, Schauenbourg-Lippe.)

On suit le second système en Prusse, Bavière, Wurtemberg, Saxe, Saxe-Cobourg, Brunswick et dans le grand-duché de Bade.

circulation ne peut être interrompue par une saisie-arrêt pratiquée sur le matériel d'un chemin de fer exploité par l'Etat.

La Cour de cassation a jugé ainsi le 5 mai 1885 (1), rejetant le pourvoi formé contre un arrêt de la Cour de Nancy du 13 juillet 1881, qui infirmait un jugement en sens contraire du tribunal civil de Nancy du 21 juin 1880. Elle a refusé de valider la saisie-arrêt qu'un créancier de la Direction générale impériale des chemins de fer d'Alsace-Lorraine avait faite sur des wagons de cette compagnie, qui se trouvaient en gare de Nancy. Le saisissant était cependant muni d'un jugement du tribunal de Béziers, du 27 janvier 1876, qui avait condamné la Direction générale à payer la somme de 1.399 fr. 10, montant de marchandises perdues.

La question se présenta aussi devant le Gerichtshof bavarois. Un emprunt de 49.560.000 florins avait été émis en 1867 par la Société des chemins de fer autrichiens « François-Joseph ». Le payement des intérêts de l'emprunt et des obligations amorties entraîna des difficultés. Un créancier, l'avocat Heiger, fit reconnaître ses droits par des jugements du tribunal de commerce de Passau du 7 septembre et du 30 novembre 1878. Mais le 12 décembre 1883,

(1) DALLOZ, 1885. I, 341.

les lignes de chemins de fer de la Compagnie François-Joseph devinrent la propriété de l'Etat autrichien. Heiger fit confirmer les jugements précédents
par le tribunal de commerce de Passau, puis il fit
saisir en gare de Passau, le 12 novembre 1884, 4 lo-
comotives, 5 wagons de voyageurs et 1 wagon de
marchandises, appartenent à l'administration impériale et royale des chemins de fer autrichiens et éva-
lués à 35.000 marks. Les protestations adressées par
l'avocat Serling au nom de l'administration des
chemins de fer autrichiens au tribunal civil et au tribunal de commerce de Passau, restèrent sans succès.
Au contraire, elles furent accueillies par le tribunal
administratif (Amtsgericht) de Passau, qui jugea que
la saisie pratiquée n'était pas admissible. Le conflit
de compétence fut élevé par le ministre des affaires
étrangères : mais le Gerichtshof bavarois (1) jugea
que la saisie-arrêt avait été dûment pratiquée, car
aux termes du contrat passé entre le gouvernement
autrichien et la Compagnie François-Joseph, ce
gouvernement succédait à toutes les obligations de
la Compagnie. On lit en effet dans l'article 3 de la convention « que le gouvernement succède à la Compa-

---

(1) Le *Competenz Gerichtshof* bavarois est composé de six
membres du tribunal suprême ou de deux membres des tribunaux
supérieurs, et de cinq membres de la Cour administrative.

gnie dans tous ses procès, à ses risques et périls. »

La contradiction n'est qu'apparente entre la décision du Gerichtshof bavarois et celle de la Cour de
Cassation française, la saisie-arrêt n'ayant été validée
par le Gerichsthof bavarois que parce que le gouvernement autrichien s'était engagé à remplacer l'an-
cienne Compagnie dans tous les procès pendants.

Mais le principe que les tribunaux nationaux sont
incompétents pour ordonner la saisie des biens d'un
Etat étranger reçoit une exception. Leur compétence
doit être admise, s'il s'agit de la réalisation d'un gage
constitué par l'Etat étranger : car, en le constituant,
il a renoncé à son privilège, il s'est soumis aux tribunaux : il faut bien que les créanciers aient un
moyen de tirer parti de leur gage. D'ailleurs les prévisions budgétaires ne seront pas modifiées si on
saisit le gage, puisque sa destination primitive sera
conservée au bien donné en gage.

Ces principes ont été appliqués par la jurisprudence anglaise. Le gouvernement français avait
conclu pendant la guerre de 1870 un contrat pour la
livraison de cartouches : une somme déposée chez
des banquiers anglais devait garantir le payement.
Une action fut intentée par le fournisseur contre les
banquiers consignataires de la somme et la République française ; elle fit défaut ; il fut décidé néan-

moins que le demandeur pourrait poursuivre le procès en payement de ces créances dû sur l'argent déposé (1).

Le 6 novembre 1874, la Cour de Chancellerie jugea dans le même sens. La Société des porteurs d'obligations étrangères avait introduit une action pour interdire au sieur Pastor, agent financier du gouvernement espagnol, l'envoi en Espagne d'obligations de la Compagnie de Rio-Tinto déposées en Angleterre pour garantir aux obligataires le payement des intérêts échus. La Cour donna gain de cause au demandeur (2).

(1) *Journal de Droit international privé* 1878, p. 37.
(2) *Journal de Droit international privé*, 1875, p. 25.

DEUXIÈME PARTIE

LES SOUVERAINS ÉTRANGERS (1).

Le souverain, du moins dans les pays constitutionnels, ne se confond plus avec l'Etat ; mais il représente encore la nation dans son unité de vues. Il participe au pouvoir législatif ; il exerce le pouvoir exécutif. C'est près de lui que sont accrédités les envoyés et les ambassadeurs des puissances étrangères ; il nomme les fonctionnaires de tout ordre. S'il n'a plus seul tout le pouvoir souverain, il ne peut cependant pas être assimilé à un simple particulier : aussi, quand il voyage à l'étranger des honneurs lui sont rendus ; n'a-t-il droit dans ce cas qu'à des distinctions honorifiques, ou est-il vis-à-vis des tribunaux dans la même situation que tout étranger (1)?

Diverses hypothèses peuvent se présenter : nous les examinerons successivement.

(1) La jurisprudence, nous le verrons dans la suite du chapitre, n'a eu à s'occuper jusqu'ici que de rois ou de reines. Mais les mêmes questions se présentent pour les présidents de République : elles doivent être résolues d'après les mêmes principes.

CHAPITRE PREMIER.

Nous avons déjà dit que les tribunaux pouvaient juger l'Etat étranger qui se portait demandeur devant eux, et nous avons donné les motifs de leur compétence : elle s'explique par les mêmes raisons quand c'est le souverain étranger qui est demandeur.

D'ailleurs, quand les tribunaux sont compétents, quelques règles particulières devront être observées.

Il a été souvent jugée que si le souverain se portait demandeur, il devait être mis sur le même pied que tout autre plaideur. En 1833, dans une affaire introduite par le roi d'Espagne, le lord chancelier d'Angleterre dit : « Bien que le roi d'Espagne intente ici « une action comme prince souverain et qu'on ne « puisse en toute justice lui assurer le droit de le « faire, il n'en résulte pour lui aucun privilège qui « puisse modifier la pratique en usage devant nos « Cours pour les autres demandeurs ordinaires. » En 1839 la reine de Portugal cita en justice le baron

Alderton : celui-ci se porta reconventionnellement demandeur, et cita la reine pour lui demander certaines preuves. La Cour reconnut que la reine étant demanderesse, la juridiction de la Cour anglaise lui devenait en tout applicable, et que la preuve demandée étant importante pour la défense, elle devait être fournie. Ce qui a été jugée pour le cas où le souverain est demandeur, doit être étendu au cas où il serait défendeur : nous ne voyons aucune raison de décider différemment dans les deux hypothèses, car si le souverain étranger est soumis, soit comme demandeur, soit comme défendeur, à la juridiction des tribunaux nationaux, il faut que cette juridiction puisse s'exercer facilement. On comprend qu'on restreigne les cas où elle est applicable. On ne comprendrait pas que dans les cas où elle est admise on en gênat l'exercice. Si les principes du droit des gens ne font pas obstacle à ce que les tribunaux nationaux connaissent des causes intéressant les souverains étrangers, ils ne doivent pas s'opposer à ce que ces tribunaux puissent rendre aisément bonne justice.

Cependant, il faudra toujours user de certains ménagements et s'abstenir de mesures qui seraient contraires au caractère de la personne du souverain : par exemple les sommations et citations ne pourront être signifiées que par la voie diplomatique (1) : la contrainte par corps ne pourrait pas être exercée contre le souverain. Heffter est même d'avis que la renonciation du souverain à ses privilèges ne pourrait pas modifier les règles que nous venons d'exposer.

« La personne souveraine, dit-il, étant inséparable de la personne civile ne peut jamais être atteinte directement, ou être l'objet d'un acte d'exécution. La soumission volontaire du souverain à la juridiction étrangère, ne pourrait guère produire d'effets analogues, car elle impliquerait une renonciation aux droits de souveraineté et par là même elle léserait la dignité de sa position. »

(1) Heffter, 42, VII.

CHAPITRE II.

Au moyen âge, les souverains qui se hasardaient à traverser un territoire étranger n'y jouissaient d'aucun privilège (1). Non-seulement, le souverain du territoire s'arrogeait le droit de les faire juger : mais ils étaient souvent retenus en captivité : l'emprisonnement et les mauvais traitements du souverain marquaient fréquemment le début d'une guerre.

La captivité de Richard Cœur de Lion en Autriche est assez connue : personne ne paraît s'en être scandalisé; car l'usage de ces actes arbitraires était répandu. En 1406, le fils du roi d'Ecosse, Robert, étant venu d'une façon inconsidérée dans le pays, Henri IV d'Angleterre le retint dix-huit années durant à sa cour, et avant de le laisser partir lui fit payer une rançon de 40.000 livres. L'archiduc Philippe roi de Castille fut emprisonné en 1506 par Henri VII puis échangé contre le Earl de Suffolk. Quelquefois le Pape avait assez d'influence (2)

(1) PUTTER, *Beitrage zur Volkerrechtliche Geschichte*, p. 115 et suiv.
(2) La Papauté considérait qu'il était de sa mission d'agir ainsi :

pour adoucir le sort que la barbarie de l'époque
faisait aux souverains étrangers ou à leur famille.
Ce fut un Pape qui délivra les trois filles de Tancrède
des mains de l'empereur Henri VI, en 1193. Le Pape
Clément V cassa la sentence par laquelle l'empereur
Henri VII condamnait Robert, roi de Naples et de
Sicile, à la confiscation de ses Etats et même à
mort (1).

Les anciens auteurs étaient partagés sur la question. Coccejus, dans sa dissertation de *Legato sancto,
non impuni* (Cap. II, 16), et surtout dans une autre
dissertation, *De fundata in territorio et plurium
concurrente potestate,* t. II, 12, pousse si loin l'autorité territoriale des lois qu'il prétend que tous ceux
qui se trouvent sur le territoire d'un prince étranger
sont censés être ses sujets, et qu'un roi, même est
alors déchu de tous ses privilèges, soumis, comme
tout particulier sujet de cet Etat, aux lois et à la juridiction de l'Etat étranger. Un jurisconsulte anglais,
Arthur Duck (*Jur., civ.,* lib. II, cap. V, n° 9) est du

« In eo fumus officio, disponente Deo, constituti et singulorum et
omnium saluti consulere debeamus, et universis potentibus tam
majoribus quam minoribus in executione justitiæ providere » disait
Innocent III. Cité par Ward. An Enquiry in to the foundation and
history of the Law of nations in Europe from the time of the
Greckes and Romans to the age of Grotius. II° vol. p. 48.

(1) La sentence avait été prononcée par l'empereur à Pise, par
conséquent en dehors de ses Etats. Le Pape fit valoir cette raison.

même avis et ne fait pas d'exception pour l'empereur lui-même. Daniel Moller *Semestr* (lib. IV, cap. 20, n° 2) et Richard Zouch (*De jure fecial. inter gent.*, Part. II, Sect. II, Quæst. 6, p. 122) se rangent à la même opinion (1).

Ce n'est pas celle de Bynkershoeck, bien qu'il admette la compétence des tribunaux pour valider une saisie-arrêt opérée sur les biens d'un souverain étranger. Il remarque que si on s'abstient de faire arrêter le prince lui-même, c'est par respect pour son caractère; mais que les biens qu'il a dans un autre Etat ne sont pas aussi respectables et aussi sacrés que sa personne. Nous n'examinerons plus cette dernière opinion; nous avons déjà conclu à l'insaisissabilité des biens. Nous ne nous occupons maintenant que de l'immunité de juridiction des souverains étrangers. Bynkershoeck l'admet; mais il semble ne s'être rangé à cet avis qu'après de longues hésitations. Il consulte successivement la raison et l'usage. Il lui semble difficile à en juger par la raison, d'accorder que si un prince agit, « non comme prince, mais comme brigand », s'il commet des attentats contre l'Etat et contre les particuliers, s'il emprunte sans payer, tout cela doit rester impuni. Mais, d'un

____

(1) Ces auteurs sont cités par BYNKERSHOECK, *Traité du juge compétent des ambassadeurs*, ch. III.

autre côté, si les ambassadeurs ne sont pas soumis à la juridiction criminelle ou civile de l'Etat étranger, il serait singulier que le souverain ne jouît pas du même privilège. Sans doute, l'indépendance nécessaire à leurs fonctions est la vraie raison du privilège des ambassadeurs; cette raison n'existe pas toujours à l'égard des souverains en voyage, et on put soutenir dans le procès de Marie-Stuart qu'il résultait de la nécessité des ambassades que le souverain ne devait pas avoir autant de privilèges que son ministre. Cependant il serait choquant d'après Bynkershoeck que le souverain ne jouît pas des privilèges reconnus aux ambassadeurs qui ne sont que ses représentants.

Quant à l'usage, il n'est pas possible d'y trouver une solution : on allègue quelques faits historiques : mais les uns ne prouvent rien comme le procès de Marie-Stuart, car elle n'était plus souveraine : les autres ne sont pas assez nombreux pour établir une coutume de droit des gens.

Bynkersochck arrive à cette conclusion : « Comme la dernière extrémité à laquelle on peut en venir contre un ambassadeur c'est qu'on lui ordonne de sortir du pays, je croirais qu'il faut en user de même à l'égard d'un prince qui a violé les droits de l'hospitalité. »

Püffendorf (1) et Vattel (2) n'examinent pas la question aussi longuement que Bynkersoehck ; mais ils sont de la même opinion. Püffendorf assimile les souverains aux ambassadeurs. « Comme eux, dit-il, ils sont censés par une espèce de fiction être hors des terres du prince dans le pays duquel ils sont entrés. Vattel distingue selon le but que le prince poursuit à l'étranger : est-il venu pour négocier, il doit jouir des mêmes privilèges que les ambassadeurs : est-il venu en voyageur « sa dignité seule et ce qui est dû à la nation qu'il gouverne et qu'il représente l'exempte de toute juridiction. »

Klüber (3) parle comme Püffendorf de l'exterritorialité des souverains étrangers. Heffter, au contraire, fait des restrictions sur la valeur de cette fiction qui, si on la suivait à la lettre aurait cette conséquence que tous les actes passés par un souverain étranger seraient, contrairement à la règle « *locus regit actum* » régis par la loi de son domicile d'origine. Pour lui, l'immunité de juridiction n'est que l'application de la maxime « *par in parem non habet imperium* ». C'est une conséquence de l'égalité des Etats, et des souverains qui les représentent. Pradier Fodéré est aussi

(1) Puffendorff, *Le droit de la nature et des gens*, Liv. VIII, ch. IV, 21.
(2) Vattel, *Le droit des gens*, l. IV, n° 108.
(3) Kluber, 49.

partisan de l'immunité de juridiction. On lit dans une de ses notes sur Vattel que l'exemption de la juridiction territoriale est assurée aux souverains par « l'égalité des souverains entre eux, et par l'observation d'une courtoisie réciproque qui, passée dans les mœurs modernes, prépare dans l'avenir la fusion des peuples. » C'est peut-être avoir de trop hautes espérances. Mais s'il est téméraire d'attendre de si beaux résultats de la courtoisie qui est un des motifs des privilèges des souverains il ne faudrait pas cependant refuser l'immunité de juridiction ; car il pourrait y avoir dans la soumission d'un souverain à la juridiction d'un autre Etat, les mêmes dangers que s'il s'agissait d'un gouvernement étranger : il en résulterait peut-être des froissements qui, dans des temps où les rapports entre les puissances seraient difficiles, les rendraient plus pénibles encore. C'est une des causes de l'immunité de juridiction des souverains comme des Etats étrangers. Pour l'expliquer, il n'est pas nécessaire de recourir à une fiction comme celle de l'exterritorialité. L'égalité des Etats dont les souverains sont les représentants, le caractère de leur personne, les inconvénients qui se produiraient si on le méconnaissait, sont des motifs suffisants.

Cependant, nous ne croyons pas que l'immunité de juridiction soit absolue, car il faut faire en ce qui concerne la juridiction à l'égard des souverains la même distinction que pour les gouvernements étrangers. Si le souverain étranger doit être soustrait à la compétence des tribunaux, c'est qu'il représente l'Etat qu'il gouverne ; mais il n'agit pas toujours en cette qualité de représentant de l'Etat, et on peut distinguer deux personnes en lui : le souverain et le simple particulier. Dans le premier cas, il a le privilège de l'immunité de juridiction, nous en avons cité plus haut des exemples (1) mais pourquoi le lui accorderait-on dans le second cas ? L'égalité des Etats, le caractère de la personne du souverain ne sont plus à considérer puisqu'il ne s'agit plus que d'un simple particulier : sans doute, on pourrait encore opposer que des inconvénients politiques résulteront peut-être de la compétence des tribunaux étrangers. Mais le souverain serait-il fondé à se plaindre d'une juridiction qu'il a tacitement acceptée, quand il a répudié sa qualité de souverain en agissant comme un simple particulier. Il est vrai que si les relations politiques sont mauvaises, les griefs naîtront facilement ; mais, dans cette opposition entre le droit civil et le droit des gens qui fait le fond de notre question, on ne peut pas sacrifier trop entièrement l'un à l'autre : il faut

(1) Voir Ire partie, chapitre II, section I.

essayer de tenir la balance égale entre les divers intérêts engagés, et si nous admettons qu'il faut respecter la souveraineté des Etats en ne soumettant pas à la juridiction territoriale les personnages qui représentent ces Etats, nous ne voyons pas de motifs de refuser le secours de la justice nationale aux nationaux qui ont contracté avec des souverains, quand ceux-ci ont renoncé à leur privilège, en faisant un acte que tout particulier aurait pu faire et qui ne touche pas à un intérêt public.

En effet, ce sont là les deux conditions nécessaires pour que les tribunaux soient compétents. Nous avons examiné à propos de l'immunité de juridiction des Etats étrangers l'opinion qui fait dépendre la compétence des tribunaux de la nature juridique de l'acte intervenu nous avons combattu cette opinion, car elle conduirait à permettre aux tribunaux de juger l'Etat étranger dans des cas où l'intérêt public peut être engagé. Il faut décider de même s'il s'agit d'un souverain étranger. Ce n'est pas assez que le souverain agisse comme pourrait agir un simple particulier, il faut aussi que quand il contracte, son intérêt privé soit seul en jeu.

La règle que nous avons essayé de tracer est suivie par la jurisprudence française.

Le tribunal de la Seine se déclara compétent le

19 mars 1872 dans l'affaire suivante (1). L'ex-reine Isabelle avait acheté (2) à une maison de Paris, celle des frères Mellerio, des bijoux et des diamants. Ils lui furent livrés ; mais le payement n'en ayant pas été effectué, les frères Mellerio citèrent leur débitrice devant le tribunal de la Seine. Il rejeta l'exception d'incompétence opposée par l'ex-reine d'Espagne, car les objets vendus avaient été fournis dans un but purement privé. Une partie des bijoux devait servir à faire un cadeau à la princesse de Girgenti fille de la reine Isabelle, à l'occasion de son mariage. On ne pouvait pas soutenir que l'acquisition avait été faite pour le compte de la liste civile d'Espagne (3). Seul, l'intérêt privé de l'ex-reine Isabelle était engagé dans le procès ; les tribunaux français étaient compétents.

On admet aussi que le souverain qui aurait fait des actes de commerce pourrait être traduit devant les tribunaux.

Mais ils seraient incompétents si un intérêt public était mêlé au contrat fait par le souverain étranger.

En 1872, M. Lemaître qui avait fourni des décora-

---

(1) DALLOZ, 1872. II, 124.

(2) Une partie des diamants avait été achetée avant la Révolution de 1848. Sinon, il n'y aurait pas eu de question, car les ex-souverains n'ont pas de privilèges pour les actes qu'ils ont accomplis alors qu'ils n'étaient plus sur le trône.

(3) Il résulte d'ailleurs de la loi espagnole du 12 mai 1865, que le trésor madrilène ne possède pas de diamants de la couronne.

tions à Maximilien Ier en 1865 et en 1866 fit assigner devant le tribunal de la Seine en payement de 51.479 francs. S. M. l'empereur d'Autriche et LL. AA. II. et RR. l'archiduc François Charles et l'archiduchesse Sophie au nom et comme héritiers de Maximilien. Le tribunal civil de la Seine se déclara compétent : il pensait que dans l'espèce il était question d'un simple contrat de vente, et que le souverain étranger devait être justiciable des tribunaux français. La Cour, dans un arrêt du 15 mars 1872, ne contesta pas la compétence des tribunaux à l'égard des actes que le souverain fait dans son intérêt privé; mais elle refusa de voir dans une commande de décorations un acte d'intérêt privé, et elle se déclara incompétente, à juste titre, croyons-nous. Les souverains témoignent leur satisfaction par des décorations; ce privilège leur appartient comme celui de nommer à des emplois publics. Le souverain qui s'adresse à un commerçant pour la livraison de décorations fait donc un acte qui se rapporte à ses attributions de souverain : les tribunaux d'un autre Etat ne doivent pas être compétents (1).

La jurisprudence anglaise fait aussi une distinction entre les actes du souverain comme tel et ses actes comme simple particulier.

(1) D. 1873, II, 24.

Lorsqu'en 1851 la reine de Portugal fut actionnée devant la Cour anglaise *Lord Major's Court*, « comme souveraine régnante et chef de la maison portugaise », la Cour se déclara incompétente et condamna le demandeur aux dépens.

En 1844 le duc de Brunswick intenta une action contre le roi de Hanovre qu'il avait cité sous le nom et la qualité d'Ernest-Auguste duc de Cumberland et de Tewiedhale en Grande-Bretagne et de comte d'Armagl en Irlande. Il s'agissait dans l'espèce de faire rendre par le défendeur les comptes de tutelle du demandeur. La Cour *of Equity and commun Law* décida que cette tutelle avait été un acte de la puissance publique et que par conséquent les tribunaux anglais étaient incompétents; mais elle ajouta que le roi n'était exempt de la juridiction anglaise que pour les actes accomplis en qualité de souverain, et qu'il devait, quant aux autres, être soumis aux tribunaux anglais, comme tout autre sujet de la reine. Il était, en effet, à la fois prince étranger et sujet anglais : mais cette circonstance était sans importance pour la solution de notre question Nous retenons seulement que la Cour a admis le principe de la distinction; si le souverain traduit devant les tribunaux anglais ne s'était pas trouvé dans la situation spéciale du roi de Hanovre, les mêmes raisons de distinguer auraient existé : seulement dans le cas où les tribunaux anglais n'auraient pas été incompétents à cause des principes du droit des gens, leur compétence aurait été déterminée d'après les règles applicables non à tout autre sujet de la Reine, mais à tout autre étranger (1).

Si le souverain fait des actes de commerce, les tribunaux anglais se reconnaissent aussi compétents car il ne rentre pas dans les attributions d'un souverain de faire des actes de commerce et ces actes ne correspondent à aucun service public La Cour du Banc de la Reine jugea ainsi en 1837 dans une affaire plaidée entre don Pedro, empereur du Brésil, et Robinson et autres. Il s'agissait d'un transport de marchandises sur un navire appartenant à l'empereur. Il ressort des termes de l'arrêt que les juges qui l'ont rendu admettaient le principe de la distinction. Ils se sont déclarés compétents, mais en prenant soin de dire que « si le procès était né d'une autre matière connexe au caractère politique du défendeur, il aurait pu être décidé autrement. »

(1) *Journal de Droit international*, 1878, p. 36.

CHAPITRE III.

L'ACTION EST CRIMINELLE.

Le souverain n'est pas non plus soumis à la juridiction criminelle. Sans doute, on ne peut pas le
considérer comme agissant dans l'exercice de ses
fonctions, quand il commet des crimes ou des délits,
mais la courtoisie ne permet pas de traduire les
souverains devant les tribunaux criminels d'un
autre Etat. Laurent l'a très vivement contesté. « Il
n'y a plus de société, dit-il, là où le droit n'est pas
sauvegardé ; permettre aux princes étrangers de
commettre impunément des délits, c'est détruire la
société dans ses fondements (1). » Il est permis de
douter que ces grands mots soient ici à leur place.
Nous savons qu'il est important que la justice soit
rendue. Si l'action criminelle est dirigée contre un
souverain étranger, la justice ne suivra pas son
cours, cela est regrettable; mais cela ne vaut-il pas
mieux que de courir le risque d'aigrir par une action

(1) Laurent, *Droit civil international*, t. III, p. 53.

en justice les rapports de deux pays? D'ailleurs, cette exception au cours de la justice n'est pas isolée, on peut la rapprocher de l'irresponsabilité des souverains en droit public.

Au reste, il ne sera pas permis au souverain étranger de commettre impunément des crimes ou des délits, comme le redoute Laurent, car s'il abusait de sa position privilégiée, on pourrait le contraindre à quitter le territoire. Les tribunaux ne sont pas compétents, mais il ne faut pas que la sûreté de l'Etat ou des particuliers soit livrée à la merci des entreprises criminelles d'un souverain qui se rendrait indigne de l'hospitalité qu'on lui a accordée (1). Le cas s'est présenté pour les agents diplomatiques et la même solution prévaudrait pour les souverains; cette doctrine est admise par la pupart des auteurs. Mais Bynkershoeck va trop loin quand il prétend qu'on aurait même le droit de tuer le souverain et la condition qu'il y met : « je voudrais que ce fût dans une espèce de mêlée plutôt que dans une poursuite judiciaire » ne corrige pas son opinion.

(1) Le privilège de l'immunité de juridiction ne donne au souverain qu'un droit purement négatif qui n'implique pas le droit actif d'attaquer l'Etat sur le territoire duquel il réside. BLUNTSCHLI. *Droit international codifié*, 136. La même doctrine est professée par PHILIMORE, *International Law*, t. II. p. 121. FIORE, *Traité de Droit international public*, III, 1575 : c'était déjà la doctrine de VATTEL, L. IV, ch. VII, n° 108.

CHAPITRE IV.

DU SOUVERAIN DE FAIT. — EXTENSION DE L'IMMUNITÉ
DE JURIDICTION.

L'immunité de juridiction, dans les cas où nous
avons reconnu sa légitimité, existe dès que le souverain est en possession du pouvoir.

Un gouvernement est renversé : quelle sera la
situation internationale du nouveau souverain ? On
admet que le gouvernement de fait est le seul en
position d'agir efficacement : à toutes les dates de
l'histoire de l'Europe, il a été conclu des traités où
un gouvernement de fait était partie contractante.
Dans une circulaire du 25 mars 1822, le ministère
anglais constatait cet usage général des États européens, et le pape Grégoire XVI déclarait en août 1831
que l'Eglise ne se refusait pas à entrer en rapports
avec ceux *qui actu summa rerum potiuntur*. Le
gouvernement de fait peut donc être considéré dans
les rapports internationaux comme un gouvernement légitime. Aussi le souverain de fait est-il auto-

risé à exiger le rang, les honneurs et le respect dûs à tout autre souverain, et s'il voyageait à l'étranger, ce qui se présentera très-rarement, car avant d'être reconnu, il sera occupé dans son pays par la fondation du nouveau gouvernement, il devrait jouir de l'immunité accordée aux souverains reconnus, parce qu'il représente l'Etat comme eux.

Au contraire, dès que ce caractère de représentant de l'Etat est perdu, les priviléges qui y sont attachés doivent disparaître. Aussi aurait-il fallu décider lors de l'assassinat de Monaldeschi par l'ex-reine de Suède Christine, que les tribunaux français étaient compétents. En effet, Christine avait abdiqué. « Ce n'était plus une reine qui punissait un sujet; mais une femme qui terminait une galanterie par un meurtre (1). »

Le souverain ne peut plus jouir de son privilége quand il résulte des circonstances qu'il y a renoncé : il en est ainsi quand il voyage *incognito*, ou quand il est au service de l'Etat sur le territoire duquel il séjourne : certains princes allemands servent en qualité de généraux dans l'armée prussienne : il y a des présidents de Républiques américaines qui sont généraux dans les armées d'une autre Répu-

____

(1) VOLTAIRE, *Siècle de Louis XIV*, ch. VI.

blique : ainsi le général Prado, président du Pérou servait dans l'armée chilienne.

Heffter cite encore comme exemple de renonciation à l'immunité de juridiction le cas où un souverain étranger ferait une élection de domicile à l'étranger. Le traité de Westphalie V, 20, le dit à propos des anciens chevaliers de l'Empire : *nisi forte in quibusdam locis ratione bonorum et respectu territorii vel domicilii aliis statibus reperiantur subjecti.*

Mais le souverain est toujours libre en renonçant à l'*incognito* ou à ses fonctions à l'étranger, d'invoquer sa qualité de chef d'Etat : les privilèges qui y sont attachés lui seraient alors rendus. Le roi des Pays-Bas qui voyageait *incognito,* ayant été condamné, à Vevey, à une peine de simple police. il en fut libéré par le Conseil fédéral, dès qu'il eut fait connaître sa qualité de souverain.

Dans les cas où on accorde l'immunité de juridiction au souverain, il faut l'étendre aux membres de sa famille et aux personnes de sa suite. Sans doute, on ne peut pas considérer ces personnes comme représentant l'Etat, mais la courtoisie due aux souverains étrangers ne permet pas de restreindre à leur seule personne la jouissance du privilège dont nous nous occupons : s'il est vrai que le souverain peut se

sentir blessé dans sa dignité par une citation à comparaître devant d'autres tribunaux que les siens, il
pourrait aussi prendre ombrage de la compétence de
ces tribunaux à l'égard de sa famille ou de sa suite.
Cela apparaît surtout s'il s'agit de l'épouse d'un
prince souverain, car on lui reconnaît le même rang
et les mêmes titres. Il n'en n'est pas toujours de
même de l'époux d'une princesse souveraine : ainsi
le prince Albert, époux de la reine Victoria, n'a
jamais eu le titre de roi : au contraire, ce titre a été
reconnu au duc Ferdinand de Cobourg, époux de la
reine Maria II de Portugal (1).

Au reste, si le souverain voyage pour négocier,
le motif de l'exemption de la suite des ambassadeurs a toute sa valeur : il ne faut pas que le souverain soit entravé dans l'accomplissement de sa
mission, et il le serait si les personnes qu'il emploie
à son service pouvaient en être détournées.

D'ailleurs, il est reconnu que le prince souverain
ne devra pas abuser de son privilège et soustraire
aux tribunaux, en les prenant à son service, des gens
poursuivis par les autorités locales. Les tribunaux
anglais se déclarèrent compétents pour juger un
musicien de la suite du ministre de Bavière à Lon-

---

(1) BLUNTSCHLI, *Le droit international codifié*, 154-156.

dres, car il n'était entré au service de ce diplomate que
pour être couvert par son privilège : il en aurait été
de même, s'il s'était agi d'une personne de la suite
d'un souverain.

L'immunité des souverains en voyage s'étend aussi
à leur mobilier, en particulier à leurs bagages,
caisses et cassettes : on veut sauvegarder par là la
liberté de leurs actes et de leurs correspondances.

CHAPITRE V.

RÈGLES SPÉCIALES
A LA LÉGISLATION AUTRICHIENNE (1).

Il existe en Autriche-Hongrie une institution qui n'a rien d'analogue dans les autres pays : c'est le Grand maréchalat de la cour (Obersthofmarschallamt). Le grand-maréchal eut d'abord le soin des chevaux et la surveillance des équipages de la cour : il avait aussi la mission d'assurer la tranquillité et l'ordre de la cour, ce qui entraînait une certaine juridiction. Son droit de juridiction fut formellement reconnu par Léopold Ier ; mais le 13 mai 1749, Marie-Thérèse le lui retira et lui confia seulement le règlement des questions se rapportant au cérémonial relatif aux ambassadeurs. Joseph II lui donna juridiction sur les ambassadeurs et autres envoyés. Un décret impérial de François Ier du 14 juillet 1825 le

(1) KASERER. *Handbuch der Œsterreichischen Justizverwaltung,* t. IV, n° 28.

HAIMERL. *Darstellung der neuesten gesetzlichen Bestimmungen über die innere Einrichtung und Gesetzordnung der Civilgerichte in Œsterreich,* p. 45.

V. VON PUTTLINGEN. *Op. cit.*

rendit compétent à l'égard des membres de la famille impériale qui ne sont pas souverains.

Le grand maréchal de la cour s'occupe aussi des difficultés de droit intéressant les souverains étrangers, certains membres d'anciennes familles souveraines et les agents diplomatiques (1).

Un souverain étranger qui vient en Autriche ou en Hongrie est, suivant la coutume, traité comme souverain, et à ce titre, soustrait à l'empire des lois et des tribunaux autrichiens et hongrois : ainsi une ordonnance du 25 janvier 1822 dispose expressément que les souverains étrangers qui voyagent dans les Etats autrichiens sont affranchis, eux et leur suite, de la justice autrichienne ; mais si un souverain étranger acquiert une propriété privée en Autriche-Hongrie, ou fait d'autres opérations juridiques qui, d'après leur nature, sont de la compétence territoriale, il sera soumis à la juridiction des tribunaux austro-hongrois ; mais des règles particulières seront suivies comme pour les agents diplomatiques. Le Grand-Maréchalat de la cour sera compétent.

Il l'est aussi, mais avec certaines restrictions, à l'égard de quelques autres personnages. Par rapport

(1) L'Obersthofmarschallamt ne siège pas en permanence. Il est composé de quatre juges pris par l'Empereur dans le tribunal civil de Vienne (Landesgericht). Le Grand Maréchal de la Cour préside.

au prince souverain de Lichtenstein, domicilié en Autriche, à sa femme et à ses enfants mineurs et non mariés vivant avec lui. Une circulaire du ministère de la justice du 10 août 1851 décide que pour toutes les difficultés de droit soulevées en Autriche, soit en matière personnelle soit en matière mobilière, le Grand Maréchalat de la Cour sera compétent ; au contraire la compétence des tribunaux ordinaires n'est pas changée pour les affaires se rapportant à la fortune immobilière. — Les mêmes dispositions étaient applicables aux membres de la branche aînée de la maison de Bourbon [1].

Le Grand Maréchalat de la Cour est compétent comme juridiction personnelle (Personalgerichtstand, pour le duc Philippe de Würtenberg, son épouse l'archiduchesse Marie-Thérèse et leurs enfants (Ordonnance du ministère de la justice du 19 janvier 1865, et pour le général prince Alexandre de Würtemberg (Circulaire du ministère de la justice du 11 octobre 1869.

La compétence du Grand Maréchalat de la Cour est plus étendue par rapport à quelques autres personnages : ils sont assimilés aux membres de la

[1] La disposition du décret (Hofdecret) du 31 août 1841 assujétissant les membres de la maison royale française, domiciliés en Autriche, aux règles de droit applicables aux étrangers en général, est donc supprimée.

famille impériale, et toutes les affaires qui les intéressent, personnelles ou non, sont portées devant le Grand Maréchalat. Des Ordonnances impériales du 26 septembre 1832 et du 17 juillet 1850 accordèrent ce privilège au prince Gustave Wasa et à sa famille : il fut étendu au prince Auguste de Cobourg-Gotha et à sa famille par une Ordonnance du ministre de la justice du 8 juin 1858 : la veuve du prince Auguste, la princesse de Cobourg-Gotha née princesse Koharz eut part à la même faveur. La duchesse de Bragance, veuve de don Miguel, est aussi justiciable du Grand Maréchalat.

Les gens de la suite des personnes exemptes ne jouissent pas toujours des mêmes privilèges qu'elles ; il faut faire plusieurs distinctions. Si les domestiques sont Autrichiens ou Hongrois, ils sont soumis aux tribunaux ordinaires, qu'il s'agisse d'une affaire civile ou d'une affaire criminelle. Si les domestiques ne sont pas austro-hongrois, les tribunaux ordinaires sont encore compétents quand l'affaire est civile : peu importe qu'ils soient sujets du même Etat que le souverain qu'ils servent ou sujets d'un autre Etat ; mais quand l'affaire est criminelle les tribunaux ordinaires ne jugeraient que si les coupables étaient du même Etat que le souverain étranger. Sinon le Grand Maréchalat

de la Cour prendrait connaissance de l'affaire.

Nous avons indiqué quelles sont les personnes,
pour lesquelles le Grand Maréchalat de la Cour est
compétent ; mais le rôle de ce tribunal exceptionnel
n'est pas toujours le même.

Si le litige intéresse un souverain étranger, la procédure à suivre est réglée par un Rescrit Handscrei-
ben), du 29 janvier 1795. Le créancier saisit de sa
demande le Grand Maréchalat de la Cour qui pré-
vient le défendeur, et l'invite soit à accorder satisfaction au demandeur, soit à présenter les raisons
qu'il peut opposer à la demande. Si l'exterritorial
consent à ce que le procès soit jugé par le Grand
Maréchalat de la Cour selon la procédure ordinaire,
il en est ainsi. Si l'exterritorial refuse de se soumettre à la juridiction du Grand Maréchalat, le
demandeur en est averti, et il forme une nouvelle
demande. Demeure-t-elle encore sans effet, le Grand
Maréchalat de la Cour charge de l'affaire le ministre
des affaires étrangères qui par sa propre intervention auprès de l'exterritorial ou au besoin par voie
diplomatique près du gouvernement compétent,
s'efforce de mener l'affaire à bonne fin. Si cette
intervention n'a pas de succès, il ne reste plus
d'autre ressource au demandeur que de faire valoir

ses droits devant la juridiction compétente du pays de l'exterritorial.

Quand le procès est dirigé contre les gens de la suite, les tribunaux austro-hongrois le plus souvent compétents ne peuvent lancer aucune assignation ni faire aucun des actes que nécessite une procédure, quand les gens de la suite demeurent dans la maison de l'exterritorial. Il faut, comme pour l'exécution des jugements qui se rapportent à ces personnes ou aux biens se trouvant dans ces habitations, opérer avec le consentement du Grand-Maréchalat ; il doit au préalable obtenir l'adhésion du souverain étranger : si elle est refusée une première fois, on tente de l'obtenir par l'intervention du ministre des affaires étrangères. Ce moyen échoue-t-il encore, le demandeur peut proposer qu'un curateur soit nommé au défendeur devant le tribunal compétent : et l'affaire alors suivra le cours régulier de la procédure.

TROISIÈME PARTIE

LE PAPE

CHAPITRE PREMIER.

LE PAPE A DROIT HORS DE L'ITALIE AUX PRIVILÈGES DES SOUVERAINS.

Depuis qu'il a perdu son pouvoir temporel le Pape est dans une situation particulière. N'ayant ni sujets ni territoire, il ne peut pas être assimilé aux autres souverains. Cependant les privilèges des souverains en droit international lui appartiennent, car, malgré la perte du pouvoir temporel, il a gardé dans une certaine mesure son caractère de souverain 1 .

Nous croyons donc que si le Pape voyageait hors de l'Italie, il aurait droit, comme les autres souve-rains à l'immunité de juridiction. S'il faisait un

(1) Nous n'examinons la question qu'au point de vue du droit des gens; nous ne portons ici aucun jugement sur la politique de l'Italie vis-à-vis du Saint-Siège.

emprunt, ses créanciers ne pourraient pas saisir-arrêter les sommes versées par les souscripteurs de l'emprunt pontifical.

On a contesté que la situation du Pape fût intermédiaire entre celle d'un souverain temporel et celle d'un personnage qui n'aurait aucun droit de souveraineté. Deux doctrines absolues ont trouvé des partisans.

On a soutenu dans une première opinion que même aujourd'hui, le Pape a tous les droits de la souveraineté et que son pouvoir temporel, s'il a été considérablement diminué, subsiste néanmoins. Il a perdu successivement tous ses Etats : mais le Vatican ne lui aurait pas été enlevé, et il en serait le souverain temporel comme il était celui des Légations, de la Romagne, des Marches, de l'Ombrie, de Rome et de la cité Léonine.

Sans doute, les droits d'un souverain ne se mesurent pas à l'étendue du territoire. Le Pape avait les droits d'un souverain quand il possédait tout le pays qu'en appelait « le Patrimoine de Saint Pierre »; il jouissait des mêmes droits quand il était réduit à la seule ville de Rome et il faudrait encore reconnaître en lui un souverain temporel, si le Vatican pouvait être considéré comme une parcelle de son ancien domaine. Mais rien n'est moins certain.

On a beau affirmer que si c'est la conquête qui a établi les droits du Royaume d'Italie, ces droits ne s'étendent pas au Vatican, car il n'a pas été conquis, et, si le suffrage des populations est invoqué, que les habitants du Vatican n'ont pas voté, ces allégations ne sont pas décisives. On peut dire d'un territoire qu'il est conquis sans que la conquête ait besoin de se manifester par l'occupation militaire : il suffit qu'aucune résistance ne puisse plus être opposée au vainqueur (1) ; ce fut le cas pour le Vatican. Peu importe aussi que ses habitants n'aient pas voté lors du plébiscite de 1870 ; si les habitants d'autres quartiers de Rome n'avaient pas non plus voté, la portée du plébiscite n'aurait pas été diminuée. Le plébiscite de 1870 et le décret du 9 octobre qui le sanctionne, décidèrent que Rome et les Provinces feraient partie du royaume d'Italie (2). Or le territoire du Vatican n'a jamais formé une unité politique distincte. Il faisait partie de la province romaine au moment de l'occupation, et il devait suivre le sort de Rome et de la province romaine. Il est vrai que la capitulation de Rome, signée le 20 septembre 1870 à la villa Albani par les généraux Cadorna et Kanzler disait dans son article premier. « La ville de Rome

(1) *Geffken. Die Völkerrechtliche Stellung des Papstes.*
(2) *Roma, e le provincie fanno parte del regno d'Italia.*

sauf la partie qui est située au sud des bastions de Santo-Spirito et comprend le mont Vatican et le château Saint-Ange et constitue la cité Léonine, sera remise aux troupes de S. M. le roi d'Italie. » Mais la Papauté s'étant refusée, pour ne pas reconnaitre le nouvel état de choses, à faire suivre la capitulation d'un traité qui aurait converti en un acte international un simple acte militaire, il est difficile d'admettre que les effets du plébiscite ne doivent pas être étendus au Vatican lui-même.

La loi des Garanties vient à l'appui de cette opinion, puisque l'article 5 réserve une sorte de domaine éminent sur les palais et leurs dépendances donnés en jouissance au Pape, et prend soin de dire que les palais et les collections qu'ils renferment sont inaliénables. Si le Pape était souverain de ces palais, de semblables dispositions n'auraient pas été écrites dans la loi. Nous ne croyons donc pas qu'on doive reconnaitre au Pape, une souveraineté temporelle, si restreinte qu'elle soit.

Mais il serait aussi faux de prétendre que la loi des Garanties n'a reconnu au Pape qu'une souveraineté honorifique. Sans doute, c'est une situation sans précédents que celle d'un souverain sans territoire; mais quelque extraordinaire qu'elle paraisse, elle doit être admise.

Pour s'en convaincre, il suffit de consulter les circulaires ministérielles de 1870 et la loi des garanties : l'intention de conserver au Pape le caractère d'un souverain y est manifeste.

Le 29 août 1870, le ministre Visconti-Venosta témoignait dans une circulaire aux ambassadeurs italiens la volonté de respecter la situation souveraine du Pape. Après la prise de Rome, le décret royal du 9 octobre 1870 déclarait que le Pape conservera la dignité, l'inviolabilité et les prérogatives personnelles d'un souverain (art. 2) et qu'une loi sanctionnera les mesures propres à garantir l'indépendance du Souverain Pontife et le libre exercice de l'autorité spirituelle du Saint-Siège (art. 3). La circulaire du 18 octobre renouvelait la promesse que les garanties nécessaires à assurer l'indépendance du Saint-Père seraient données, et que son caractère comme souverain ne serait pas changé.

La loi annoncée dans le décret du 9 octobre 1870 fut faite le 13 mai 1871 : ce n'était qu'une loi en effet qui pouvait régler la situation. Sans doute, il eût été préférable que, puisqu'il s'agissait d'un accord entre deux pouvoirs souverains, un traité intervînt : mais l'entente était impossible. Le cardinal secrétaire Antonelli le déclarait dans sa circulaire du 8 novembre. « L'occupation de Rome est une œuvre de destruction du catholicisme, la négation du principe de l'autorité suprême du Pontife et de la liberté de l'Eglise, une œuvre qui rend impossible d'elle-même toute conciliation dans le sens entendu et voulu par le gouvernement de Florence. »

Une entente avec les puissances n'était pas non plus possible. La situation de l'Europe n'était pas propice à la réunion d'un Congrès qui aurait réglé la question. Puis la Curie ne voulait pas que la chute du pouvoir temporel fût sanctionnée par un Congrès où toute l'Europe aurait été représentée et dont les décisions auraient été garanties par toutes les puissances solidairement responsables.

La circulaire et le décret que nous avons cités plus haut reconnaissaient au Pape la qualité de souverain. La loi des Garanties fit de même L'article 2 décide que l'attentat contre la personne du Souverain Pontife et la provocation à le commettre seront punis des peines établies pour l'attentat et la provocation à le commettre contre la personne du roi. Dans l'article 3, le gouvernement italien s'engage à rendre au Souverain Pontife dans le territoire du royaume, les honneurs souverains, et à lui réserver les prérogatives honorifiques qui lui sont reconnues par les souverains catholiques (1).

(1) « Art. 2. — L'attentato contro la persona del Sommo Pontefice

Et la souveraineté du Pape n'est pas seulement honorifique, car il a des droits qui n'appartiennent qu'aux véritables souverains. Avant la chute du pouvoir temporel, des ambassadeurs étaient accrédités près de lui ; mais dans le Pape le caractère de Pontife dominait celui de souverain temporel, et, privé aujourd'hui de ce dernier titre, il continue à recevoir les ambassadeurs des nations catholiques : il envoie aussi des ambassadeurs. C'est une des attributions de la souveraineté. Il en jouit aujourd'hui aussi complètement qu'avant le 20 septembre 1870, et la loi des Garanties accorde aux ambassadeurs près du Vatican les mêmes priviléges qu'aux autres agents diplomatiques (art. 11) ; c'est reconnaître d'une manière indirecte qu'ils sont accrédités auprès d'un véritable souverain (1). Ce que le Pape a perdu, ce

e la provocazione a commetterlo, sono puniti colle stesse pene stabilite per l'attentato e per la provocaizone a commetterlo contro la persona del re.

« Art. 3. — Il Governo italiano rende al Sommo Pontefice, nel territorio del Regno, g'i onori sovrani, e gli mantiene le preminenze d'onore riconosciutegli dai sovrani cattolici.

(1) « Art. 4. — Gli Inviati dei governi esteri presso Sua Santità, godono nel Regno di tutte la prerogative ed immunità che spectano agli agenti diplomatici secondo il diritto internazionale.

« Alle offese contro di essi sono estese le sanzioni penali per le offese agli inviati delle potenze estere presso il Governo italiano.

« Agli inviati di Sua Santità presso i governi esteri sono assicurate, nel territorio del Regno le prerogative ed immunità d'uso, secondo lo stesso diritto, nel recarsi al luogo di loro missione e nel ritornare.

« — C'est au Pape, représentant d'une grande puissance politique, n'est que la souveraineté temporelle : sa souveraineté est devenue purement personnelle ; mais il est resté souverain.

Dès lors pourquoi lui refuser l'immunité de juridiction accordée aux autres souverains ?

que les ambassadeurs étaient envoyés. Or, je vous demande si cette puissance s'est trouvée diminuée par la suppression du pouvoir temporel ? Même après cette suppression, le Pape est encore ce qu'il a toujours été : une puissance politique. »

(*Discours de M. Duclerc, ministre des affaires étrangères et Président du Conseil à la Chambre des députés. Séance du 20 novembre 1882.*)

CHAPITRE II

LE PAPE A DROIT EN ITALIE AUX PRIVILÈGES
DES SOUVERAINS

SECTION I. — *La loi des Garanties.*

Vivant au Vatican, en territoire italien, le Pape est
dans la situation d'un souverain qui se trouverait en
territoire étranger. Seulement, ce n'est pas à titre
temporaire qu'il est en territoire étranger, comme
dans le cas d'un voyage ; il y séjourne continuelle·
ment ; mais cette circonstance ne peut pas lui enle-
ver le bénéfice de l'immunité de juridiction accordée
à tout souverain. « Le Pape doit être exempt de toute
autorité ou juridiction de l'Etat, » disait le ministre
Lanza dans la séance du 9 décembre 1870.

Il y a même pour accorder ce privilège au Pape
de puissants motifs qui n'existent pas toujours quand
il s'agit d'un autre souverain. Lorsqu'ils voyagent à
l'étranger, les souverains ne s'occupent pas toujours
des affaires de l'Etat ; cependant, ils sont exempts de

la juridiction étrangère ; ils le seraient à plus forte
raison si leur voyage avait un but politique : comme
les ambassadeurs, ils auraient besoin de la plus
grande indépendance, et cette raison s'ajouterait à
celle qui est tirée de leur caractère de souverain pour
les soustraire à la compétence des tribunaux étrangers. Le Pape est dans la situation d'un souverain
qui se trouve en territoire étranger pour y traiter des
affaires politiques. Il faut qu'il soit indépendant.
« Nous devons aller à Rome, sans que pour cela
l'indépendance du Pape soit diminuée », disait déjà
M. de Cavour, dans la séance du 25 mars 1861.

Cette manière de voir était acceptée par la grande
majorité du Parlement italien : les discussions qui
précédèrent le vote de la loi le montrent avec évi-
dence. Les orateurs étaient d'accord sur la question
de principe. Tous voulaient que le Pape fût indépendant : seulement quelques-uns pensaient que pour
garantir son indépendance il n'était pas nécessaire
de lui accorder des privilèges. « Laissez le Pape pro-
tester et publier ses excommunications, disait Villa-
marina, mais ne lui accordez aucune immunité :
donnez-lui une liberté absolue, mais appliquez-lui le
droit commun. D'ailleurs, le Pape ne devrait-il pas
être le premier à renoncer à tous ces privilèges
exceptionnels, si peu conformes à l'esprit qui animait

le chef des Apôtres qui prêchait l'égalité des droits pour tous ? »

C'était mal poser la question : sans doute, il est bon que l'égalité de droits existe : mais ce n'est pas un principe si absolu qu'il ne puisse pas souffrir d'exceptions. Or il y a ici de pressants motifs d'y déroger. Il faut que le Pape soit indépendant : or, il ne le serait pas si on ne lui accordait pas certains privilèges. « Que la liberté religieuse soit une vraie, une grande garantie pour le Pape, je ne veux pas le nier, disait le ministre des affaires étrangères : mais le droit commun ne soustrait pas le Pontife à la juridiction des tribunaux italiens et ne fait du Pontife qu'un sujet du royaume d'Italie. » Chargé de la direction des affaires religieuses des pays catholiques, il ne doit pas être exposé à l'ingérence des tribunaux italiens : elle pourrait le gêner dans l'accomplissement de sa mission ; les ambassadeurs qui sont accrédités auprès de lui jouissent des privilèges des personnes exterritoriales ; on considère que cela est nécessaire à leur mission : sans doute, elle est importante, car ils ont à veiller sur les intérêts religieux du pays qu'ils représentent près du Saint-Siège ; mais le Pape, qui veille sur les intérêts religieux de tous les pays catholiques, doit à plus forte raison jouir de la même immunité de juridiction.

Les motifs qui ont fait exempter les souverains
étrangers et les ambassadeurs de la juridiction territoriale s'unissent pour lui faire accorder le même
privilège : souverain, la règle *par in parem non habet
juridictionem* lui est applicable; chef de la chré-
tienté, il a besoin comme les ambassadeurs accrédités auprès de lui d'une indépendance que les actes
de juridiction des tribunaux italiens pourraient compromettre.

Les Puissances y sont intéressées : les cabinets
européens ne voudraient pas avoir de rapports
diplomatiques avec un simple sujet italien : les relations qu'elles entretiennent avec le Saint-Siège sont de
nature trop délicate pour que l'indépendance du Pape
ne soit pas garantie par les privilèges les plus étendus :
immunité de juridiction pour lui et pour ses agents,
défense aux autorités italiennes de pénétrer sans son
assentiment dans les lieux qu'il habite. Une servitude
internationale est imposée à l'Italie : d'ailleurs, elle
paraît l'avoir compris au lendemain de la prise de
Rome : « Notre premier devoir en faisant de Rome
« la capitale de l'Italie, écrivait aux agents italiens à
« l'étranger, le ministre des affaires étrangères Vis-
« conti-Venosta, est de déclarer que le monde catho-
« lique ne sera pas menacé dans ses croyances par
« l'accomplissement de l'unité italienne. La grande

« situation qui appartient personnellement au Saint-
« Père ne sera en aucune façon diminuée, et son
« caractère de souverain, ses immunités lui seront
« entièrement garanties : ses palais et ses résidences
« auront le privilège de l'exterritorialité. »

La loi des Garanties ne fit que sanctionner les promesses faites dans cette circulaire. L'article premier
est ainsi conçu : « La personne du Pape est sacrée et
inviolable. » Cette inviolabilité ne reçoit pas de res-
triction.

Le Pape est soustrait à la juridiction criminelle,
non seulement s'il enfreint les lois de l'Etat dans
l'exercice de ses fonctions spirituelles, mais aussi s'il
les enfreint par des crimes de droit commun ou (ce
qui n'est guère moins invraisemblable) par des crimes
politiques, par exemple en se mettant à la tête d'un
soulèvement pour restaurer le pouvoir temporel.
L'immunité de l'action pénale, même pour les actes
non spirituels, est nécessaire à la complète indépendance du Pape (1) : du reste, ce privilège ne peut
pas devenir dangereux pour la sécurité de l'Etat, car

(1) « A quoi servirait l'inviolabilité restreinte aux actes du ministère spirituel, disait Ratazzi à la Chambre des députés, si le Pape
pouvait, pour d'autres actes et sous d'autres raisons ou prétextes,
être exposé à une inquisition pénale, et n'était pas entièrement
soustrait à la juridiction des agents du gouvernement? Ne se
trouverait-il pas alors soumis à des influences qui rendraient peut-
être moins libre l'exercice de sa mission spirituelle ?

la loi n'a pas épargné les exécuteurs des ordres pontificaux (1).

Cependant il ne faut pas restreindre outre mesure l'immunité de juridiction et ne l'accorder qu'au Pape seul.

La loi reconnut que ce privilège serait illusoire s'il n'était pas étendu aux agents nécessaires à la publication des actes du Pape qui se rapportent à ses fonctions spirituelles, et l'article 10 décida que les ecclésiastiques qui « participent à Rome à la publication des actes du ministère spirituel du Saint-Siège ne seront sujets, à propos de ces actes, à aucune recherche, investigation ni poursuite de la part de l'autorité publique. » Le projet de la Commission permettait de craindre que la sécurité publique ne fût compromise, car il accordait l'impunité, non seulement à ceux qui participaient à la publication des actes du ministère spirituel, mais à tous ceux qui participaient à ces actes, et il ne spécifiait pas qu'ils

(1) (*Atti del Parlamento italiano. Camera Dei deputati.* — 3 février 1871, p. 470.)

« Le Pape, disait encore Ratazzi, pourrait être tenté de nuire à la liberté et au repos de l'Etat, en usant de son influence et de son pouvoir spirituel sur les fidèles; mais dans ce cas, si le Pontife n'est pas responsable, ceux là le seront qui auront été ses instruments de sorte que quelle que soit l'exemption de juridiction que vous accordiez au Pontife, ses complices et ses agents seront traduits devant les tribunaux italiens. Il n'est donc pas à craindre que cette inviolabilité personnellement accordée au Pape puisse tourner au préjudice de l'Etat. *Id., ibid.* p. 472.

devaient y participer à raison de leurs fonctions. La distinction entre la simple publication et l'exécution n'était pas nettement formulée : on pouvait craindre que l'impunité ne fût assurée aux exécuteurs des actes contraires à la sécurité publique et à l'Etat. Cet inconvénient a disparu dans la rédaction définitive qui se sert du mot *emanazione*. Le sens en est indiqué par le rejet de deux amendements. Le ministre Lanza proposait à la Chambre d'écrire dans la loi *alla preparazione ed all' emanazione :* un amendement fut aussi présenté au Sénat; les termes employés auraient été *alla formazione ed emanazione;* mais ces deux amendements furent repoussés. On reconnut qu'il était sous-entendu que la préparation et la formation n'étaient pas soumises a l'ingérence du pouvoir civil (1). Jouissent donc du privilège, les conseillers, les copistes, etc. Mais les rédacteurs des feuilles religieuses en sont privés, même s'ils sont inspirés, protégés ou soutenus par la Curie. En janvier 1884, le *Journal de Rome* publia

(1) « Le seul moment qui intéresse le législateur, disait M. Corrrenti, ministre de l'instruction publique, est celui de la publication, car tous les actes préparatoires comme la conception, la discussion et tout ce qui se passe dans l'intérieur du Conseil, tout ce qui s'accomplit, pour ainsi dire, dans l'intimité des administrations pontificales ne nous regarde pas. »
(*Atti del Parlamento italiano. — Senato. — Tornata del 26 aprili 1871, p. 523.*)

un article disant que la prise de Rome avait été une usurpation. L'auteur et le gérant furent condamnés à un emprisonnement d'un mois, et à une amende de 500 lires pour avoir attaqué les institutions fondamentales de l'Etat.

Le Pape est aussi exempt de la juridiction civile : ses agents, le chef du trésor pontifical, par exemple, participent à ses priviléges, comme les secrétaires d'ambassade jouissent de ceux des ambassadeurs.

Mais les contestations relatives à la fortune personnelle du Pape, par exemple à des immeubles situés en Italie seraient de la compétence des tribunaux italiens : le cas s'est présenté lors de la succession de Pie IX.

Il est nécessaire, pour que le Pape soit libre et indépendant, que sa résidence soit soustraite à toute ingérence de l'autorité civile. L'immunité personnelle du Pape est complétée par l'immunité locale, c'est-à-dire l'inviolabilité absolue des résidences du Saint-Père. L'article 4 du projet disposait déjà que les lieux où le Pape résiderait habituellement ou temporairement seraient exempts de la juridiction des tribunaux italiens, comme les résidences des souverains étrangers qui se trouvent sur le territoire de l'Etat. L'article 7 de la loi des Garanties est ainsi conçu : « Aucun représentant de l'autorité publique ou agent de la force publique ne peut, pour exercer les actes de son ministère s'introduire dans les palais et lieux de résidence habituelle ou de séjour temporaire du Souverain Pontife, sans y avoir été autorisé par le Souverain Pontife. »

L'opposition fut assez vive contre cette disposition de la loi. On objectait qu'elle établissait une prérogative plus grande que celle qui existait au temps du pouvoir temporel, car alors l'article 602 du règlement organique de procédure criminelle du 5 novembre 1831 était en vigueur à Rome et il était ainsi conçu : « personne ne peut être *estratto* des lieux privilégiés, sauf dans les cas et avec les formes établies par les sacrés Canons et par les Constitutions apostoliques. Or, la Constitution apostolique qui réglait la matière était celle de Grégoire XIV du 21 mai 1591, et en cas de refus de la part de l'autorité ecclésiastique de livrer le délinquant, elle permettait expressément à l'autorité et aux tribunaux séculiers d'ordonner et d'exécuter l'extradition du lieu privilégié.

La disposition de l'article 7, faisait-on aussi remarquer, est plus grave que la règle du droit des gens qui accorde l'immunité à l'habitation de l'ambassadeur (1), car si l'ambassadeur refuse de livrer des

(1) *Atti del Parlam. ital. Camera Dei deputati.* — 11 febb. p. 575.

malfaiteurs, il est censé renoncer à son privilége et les autorités locales pourront procéder dans son palais à des perquisitions et à des arrestations. D'ailleurs, si un ambassadeur ne livrait pas un malfaiteur, il aurait à rendre compte de cet abus à son propre gouvernement. L'Etat offensé par la conduite de l'ambassadeur aurait toujours la ressource de réclamer près du gouvernement étranger, et de lui demander le rappel de l'ambassadeur : s'il n'était pas accordé, il resterait du moins la faculté de donner son passe-port à l'ambassadeur et de le congédier.

Rien de pareil n'existe quand il s'agit du Pape : accorder à ses résidences l'immunité locale, ce serait, disait-on, rétablir le droit d'asile et faire courir à la sécurité publique les plus grands dangers.

Les partisans de l'immunité soutenaient que toutes ces craintes étaient non-seulement exagérées, mais fausses. L'article 7, disaient-ils, n'établit pas un droit d'asile, car ce droit qui est exclu de tous les Codes et des règles du droit des gens ne pourrait pas être considéré comme la conséquence d'un article de loi qui ne l'établit pas expressément. Au Pape incombe l'obligation morale de livrer le coupable (1). La loi n'a pas voulu supposer le cas où le Pape s'y refuse-

(1)... « Nella Santa Sade l'obbliggo morale di consegnarlo, » disait Lanza, président du Conseil, dans la séance du 13 février.

rait : cela ne paraissait ni séant, ni nécessaire. Mais si l'inculpé n'était pas remis aux autorités italiennes, alors la loi serait violée, et le gouvernement et le Parlement pourraient aviser aux moyens de la faire respecter. D'ailleurs, qu'on suppose le mauvais vouloir du Souverain Pontife, quel danger courra le repos public ? Les coupables seront au Vatican comme en prison, et privés de cette liberté qui seule peut mettre en péril la sécurité publique.

Les inconvénients allégués n'existent pas et l'indépendance du Pape est garantie par l'article 7 : tout concourt pour faire approuver l'immunité qu'il établit.

Cette immunité ne cesse que si le Pape y consent et permet aux autorités italiennes d'entrer dans les lieux privilégiés. Le ministère fit, en effet, rejeter l'opinion de la commission qui proposait que, pour procéder à l'arrestation des malfaiteurs et à la recherche des papiers nécessaires à la connaissance des affaires civiles, il suffirait, en cas de refus du Saint-Siège, d'un arrêt d'une Cour suprême du royaume. L'amendement Crispi, aux termes duquel un arrêt motivé de la Cour d'appel de Rome aurait suffi, ne fut pas non plus accepté.

L'immunité locale ne fut pas accordée seulement aux résidences du Pape ; pour empêcher toute ingérence du pouvoir civil en matière ecclésiastique, l'article 8 défendit de procéder à des visites, à des perquisitions dans les bureaux des administrations et des congrégations pontificales revêtues d'attributions purement spirituelles.

Cette disposition fut vivement critiquée. On disait à gauche : les administrations et les congrégations pontificales se sont occupées de tant de matières purement temporelles et civiles que s'il est interdit de pénétrer dans leurs locaux pour y chercher des pièces et des papiers, il sera impossible de résoudre, faute de preuves, un grand nombre d'affaires d'ordre privé et beaucoup de personnes en souffriront. Quand les attributions civiles qui appartenaient aux évêques et aux curés passèrent à l'Etat, celui-ci ou bien mit la main sur les archives qui avaient trait aux affaires civiles, ou se réserva le droit de les consulter. Il doit en être de même aujourd'hui pour le Saint-Siège. Il ne s'agit pas de violer les secrets de son administration et de permettre à tout agent de l'autorité publique de pénétrer dans ses bureaux : mais il ne faut pas non plus que les intérêts privés soient lésés. Et pour tout concilier, il doit être permis aux agents de l'autorité publique d'entrer dans les bureaux des administrations et congrégations pontificales ; mais il faut qu'une sentence de l'autorité judiciaire l'ait autorisé.

Cette opinion ne prévalut point : en effet, les inconvénients que les orateurs de la gauche redoutaient étaient plus apparents que réels. Sans doute, un grand nombre de litiges purement civils avaient été tranchés par les administrations et les congrégations pontificales : mais leurs décisions n'avaient force exécutoire qu'après avoir été approuvées par les évêques compétents ; aussi était-ce toujours dans les archives diocésaines que se trouvaient les documents. La loi n'a accordé aucune immunité locale aux bâtiments qui renferment ces archives. Il ne serait donc nécessaire de pénétrer dans les bureaux des administrations et congrégations pontificales que si les archives nécessaires avaient été détruites. Mais le cas se serait présenté si rarement que le ministère ne voulut pas, en acceptant l'amendement de la commission, s'exposer au reproche de ne pas donner de sérieuses garanties au Saint-Siège.

Ces garanties n'auraient pas été complètes si la liberté de l'élection du Pape n'avait pas été assurée. Aussi la loi accorde-t-elle pendant la durée de la vacance du Saint Siège une immunité personnelle aux cardinaux. La rédaction primitive de la commission laissait entendre qu'ils ne jouissaient pas seulement d'une immunité personnelle temporaire, mais d'une véritable irresponsabilité pour tout ce qu'ils auraient pu faire jusqu'à l'élection du nouveau Pape. Les cardinaux sont les électeurs du Pape : il faut assurer leur liberté. Mais la seule conséquence logique qui en résulte, c'est, comme le faisait observer Mancini, que toute procédure doit être suspendue, tant que dure la vacance. Il fut donc décidé que l'immunité ne serait que temporaire. D'ailleurs, elle ne suspend pas seulement l'action pénale, comme le demandait Mancini dans sa proposition du 10 février ; mais elle s'oppose à tout ce qui pourrait gêner la liberté des cardinaux, comme par exemple la contrainte par corps pour dettes qui existait encore. « Nous n'avons pas accepté la proposition de l'honorable Mancini, disait le député Rostelli, membre de la commission, parce qu'elle ne parlait que du cas d'une procédure pénale ; nous voulons étendre l'immunité aux autres cas où la liberté personnelle pourrait être limitée, et nous évitons de parler de procédure pénale, car cela ne nous a pas paru séant [1]. » Le texte adopté dit en effet que la liberté personnelle des cardinaux ne pourra être entravée par aucune autorité judiciaire ou politique, pour quelque cause que ce soit.

[1] « Durante la vacanza della Sede Pontificia, nessuna autorità judiziaria o politica potrà, per qualsiasi causa, porre impedimento o limitazione alla libertà personale dei cardinali. »

La Commission avait limité la durée de l'immunité au temps du Conclave ; mais les autorités judiciaires auraient pu gêner la liberté personnelle des cardinaux avant la réunion du Conclave, pendant l'intervalle qui la sépare de la mort du Pape (1). Les partisans de la rédaction de la Commission faisaient observer que si l'immunité était concédée pour toute la durée de la vacance du Saint-Siège, des abus seraient à craindre : les cardinaux pourraient avoir intérêt à différer l'élection d'un nouveau Pape pour continuer à jouir de l'immunité. Mais cette crainte est imaginaire : il est peu vraisemblable que le souci de leurs intérêts privés domine à ce point les cardinaux : encore faudrait-il supposer pour que l'élection du Pape fût retardée que la plupart des cardinaux fussent insolvables ou commissent des crimes, ce qui est peu probable.

D'ailleurs, depuis que les cardinaux ne jouissent que d'une immunité temporaire qui suspend seulement la procédure sans qu'ils cessent d'être responsables, ils gagneraient seulement du temps en retardant l'élection : il n'est pas à craindre que pour un si petit avantage ils essayent de prolonger la vacance du Saint-Siège.

(1) Le Conclave ne se réunit que neuf jours après la mort du Pape.

Section II. — *La Jurisprudence italienne.*

Nous avons terminé l'étude de la partie de la loi des Garanties qui accorde une immunité de juridiction au Pape, aux administrations pontificales, et aux cardinaux. L'examen d'un procès de date encore récente nous permettra de voir si la jurisprudence italienne se conforme à la loi du 21 mai 1871.

Vincenzo Martinucci, architecte des palais pontificaux, avait été congédié en mars 1879. Les réclamations réitérées d'abord pour recouvrer sa place, ensuite pour obtenir une pension considérable restèrent sans résultat. Cependant, en septembre 1880, le pape accordait à sa mère une pension annuelle, à condition que Martinucci cesserait ses réclamations. Il les renouvela et prétendit que certains travaux qu'il avait dirigés ne lui avaient pas été payés. Il réclama du majordome Mgr Theodoli la somme de 15.218 l. 54, pour l'instruction et la direction du corps de pompiers créé au Vatican en 1872. Puis il poursuivit, le 20 avril 1882, le cardinal Jacobini comme secrétaire d'Etat et administrateur du Saint-Siège lui réclamant 12.000 lires pour avoir fait une étude préparatoire dans le but de convertir à l'usage du Conclave une partie du Vatican; 4.375 lires à ajouter aux 1.000 l. reçues pour la direction des travaux du Conclave ; 500 lires pour le plan d'un tombeau de Pie IX dans la basilique du Vatican ; 1.000 lires pour la direction des travaux en vue d'ériger un tombeau dans la Chapelle Sixtine : en tout, 17.875 lires.

Sa demande ne fut pas repoussée : on examina si elle méritait d'être prise en considération. Mais pendant qu'on délibérait, Martinucci fit citer en juillet 1882, devant le tribunal de Rome, le cardinal Jacobini et Mgr Theodoli, réclamant au premier le payement de 17.875 lires, au second le payement de 15.218 l. 54. N'ayant pu fournir aucune preuve à l'appui de ses prétentions, il demanda que le défendeur fût interrogé et il inséra dans ses conclusions une note additionnelle tendant à faire rejeter l'exception d'incompétence. Mgr Theodoli se borna à invoquer cette exception : « attendu, disait-il, que le Souverain Pontife et ses ministres demeurant dans le Vatican ne peuvent être jugés par les tribunaux « *ab intra* » pour les actes qui se sont passés dans le Vatican.

Le tribunal rendit sa sentence le 16 août : il rejeta l'exception d'incompétence ; mais déclara l'interrogatoire inadmissible et rejeta faute de preuves la demande de Martinucci.

Il en appela ; mais le 9 novembre, la Cour confirma dans toutes ses parties le jugement du tribunal.

Cependant le texte et l'esprit de la loi des Garanties semblaient contraires à la doctrine du tribunal et de la Cour. Aux termes de l'article premier, la personne du Pape est sacrée et inviolable, et il a été souvent reconnu dans la discussion que la prérogative de l'inviolabilité exempte le Pape de la juridiction des tribunaux italiens [1].

Aussi la Cour chercha-t-elle à nier dans ses considérants l'autorité de la loi des Garanties. « Aucune loi, dit-elle, ne peut être interprétée dans un sens qui viole le Statut : la loi des Garanties ne fait et ne pouvait faire aucune exception au Statut : tous les citoyens sont égaux devant la loi. »

Mais le but de la loi des garanties a été précisément de déroger à certaines dispositions du Statut. L'article 19 de la loi des Garanties prescrit que dans toutes les matières qui forment l'objet de la présente loi, toute disposition aujourd'hui en vigueur (donc le Statut, car les termes de l'article, « *qualunque disposizione* » sont aussi larges que possible) cesse d'être applicable en tant qu'elle est contraire à cette loi.

L'article 27 du Statut admet expressément que des

<hr>

[1] *Discours du ministre des affaires étrangères au Sénat. —* Séance du 22 avril.

visites domiciliaires pourraient être faites d'après les modes prévus par la loi : au contraire, l'article 7 de la loi des Garanties défend à tout représentant de l'autorité publique ou à tout agent de la force publique de s'introduire dans la résidence du Pape sans sa permission. D'après l'article 25 du Statut, tous les citoyens contribueront aux charges de l'État : au contraire, l'article 4 de la loi des Garanties exempte de tout impôt la rente annuelle du Pape (3.225.000 l.).

Comment prétendre après cela que la loi des Garanties n'a pas de dispositions contraires au Statut ? Elle sort du droit commun parce qu'elle règle une situation exceptionnelle : ses prescriptions auraient dû inspirer au tribunal et à la Cour d'autres décisions.

La Cour allègue, il est vrai, que dans l'espèce le défendeur a eu tort de mettre en cause la personne du Souverain Pontife, car l'action n'était dirigée contre lui, qu'en sa qualité de surintendant des Palais Pontificaux : les intendants de la liste civile et du patrimoine privé du roi, ajoute la Cour, sont aussi cités devant les tribunaux.

Mais d'abord, c'était bien comme représentant du Pape que le défendeur était cité, car la nature même de son gouvernement rend le Pape responsable de tous les actes que ses ministres accomplissent comme tels. L'analogie que la Cour cherche à établir entre le défendeur et les administrateurs de la liste civile n'est pas fondée : car les tribunaux qui connaissent des contestations relatives à l'administration de la liste civile d'un roi sont des tribunaux institués par le roi lui-même. Au contraire, si on suivait l'opinion de la Cour de Rome, il faudrait reconnaître la compétence, à l'égard du Pape, d'un tribunal qui dépend d'un souverain complètement étranger au Vatican.

Les précédents que la Cour invoque ne prouvent rien. Le Pape Pie IX et le cardinal Antonelli moururent au Vatican. Le premier avait institué trois cardinaux comme exécuteurs testamentaires. Ces deux successions ayant suscité un grand nombre de difficultés, elles furent toutes jugées par les tribunaux du royaume, dit la Cour, sans que personne eût jamais eu la pensée de soutenir que les juges compétents étaient dans le Vatican. Des cardinaux ont donc plaidé devant les tribunaux de l'Etat. Il a été fort bien répondu à cet argument de la Cour dans un mémoire écrit au Vatican : « Si la Cour avait cité l'exemple de causes agitées devant les tribunaux italiens entre des gens indépendants de l'administration pontificale et les ministres du Souverain Pontife pour des actes qu'ils auraient accomplis dans le Vatican et en qualité de ministres du Pontife, les précédents auraient du poids. Mais dans les deux cas allégués, il n'y a rien de semblable. Il s'agissait d'hérédités situées pour la plus grande partie en dehors du Vatican, et de questions agitées entre des personnes qui se trouvaient hors du Vatican et qui n'agissaient pas par mandat du Pape : il y restait complètement étranger. »

La Cour dit encore : « le majordome de sa Sainteté décline la compétence de droit commun sans donner de raisons ; il affirme seulement que le Souverain Pontife et ses ministres ne peuvent pas être jugés par les tribunaux *ab intra*. Cela signifie en d'autres termes que, quel que soit le procès civil qui prenne naissance au Vatican, il ne pourra pas être jugé par les tribunaux italiens. » Une telle prétention ne paraît pas soutenable à la Cour.

Mais l'exception d'incompétence invoquée par le défendeur ne porte pas si loin que l'arrêt de la Cour l'imagine pour les besoins de sa doctrine. Car de deux choses l'une : on a contracté avec les administrateurs du Vatican comme simples particuliers ou comme représentants du Pape. Dans le premier cas, les tribunaux italiens seront compétents : on n'a jamais songé à soustraire à leur juridiction les sujets italiens résidant dans le Vatican. Dans le second cas seulement la compétence des tribunaux italiens sera repoussée : mais alors un déni de justice ne sera pas à craindre, car, à défaut des tribunaux italiens, les tribunaux du Vatican connaîtront de l'affaire.

Le Pape a en effet le droit d'instituer des Tribunaux : nous devons examiner ce dernier point qui se rattache à l'immunité de juridiction du Pape car un des arguments qu'on lui oppose est le déni de justice qu'elle entraînerait.

Le 25 mai 1882, un *motu proprio* de Léon XIII instituait dans le Vatican deux commissions composées chacune de trois prélats à la nomination du Pape : elles devaient juger en première et en seconde instance les procès intentés à l'administration de la maison pontificale. En troisième instance, l'affaire serait jugée par les deux commissions réunies et présidée par l'auditeur général de la Chambre apostolique. Les décisions de ces Commissions ne devaient être exécutoires que si le Pape ne se réservait pas d'en décider autrement.

La Cour de Rome fut d'avis que le Pape avait excédé ses droits. « Autre chose est de recevoir des honneurs, dit-elle, autre chose d'avoir le droit de créer des juges et d'administrer la justice dans les affaires civiles. C'est une attribution de la souveraineté temporelle et une fonction essentielle de l'Etat. » La Cour pensait, en effet, que la loi des Garanties n'avait

reconnu au Pape qu'une souveraineté exclusivement honorifique accompagnée de privilèges personnels destinés à garantir le libre exercice de son
autorité spirituelle. Elle se fondait sur les paroles
prononcées par Mancini à la Chambre des députés
le 28 janvier et le 3 février 1871. « La souveraineté
laissée au Pape, disait-il, n'est qu'une simple assi-
milation honorifique avec la situation des vrais souverains, de ceux qui, sans figure de rhétorique, mais
parce que le nom correspond à la chose, sont réelle-
ment souverains de droit et de fait. » Il disait aussi :
« Il est évident pour nous tous qu'en Italie, il ne doit
plus exister et il n'existe qu'une seule souveraineté,
la souveraineté nationale et l'autorité constitution-
nelle de Victor Emmanuel II, qu'aucune souveraineté politique ne reste au Pape dans les rapports
territoriaux comme dans les rapports personnels et
que la loi n'aura pas pour effet de rendre au Pape
une parcelle quelconque de son antique souveraineté politique. »

Nous avons déjà combattu cette opinion : si le
Pape n'est pas souverain dans toute l'acception du
mot, puisqu'il ne possède ni sujets ni territoire, du
moins sa souveraineté est plus qu'honorifique, car il
a quelques-unes des attributions qui n'appartiennent
qu'à un souverain véritable : ainsi il reçoit les ambas-

sadeurs des autres puissances et leur envoie les siens.
Nous croyons qu'il peut aussi créer des tribunaux
du moins dans les cas où la juridiction des tribunaux
italiens gênerait l'administration pontificale. Qu'on
suppose une difficulté entre cette administration et
des particuliers; porter l'affaire à la connaissance des
tribunaux italiens, ce sera risquer d'amener une ingérence excessive de l'autorité judiciaire italienne. Il
faut cependant que justice soit rendue ; ce sont les
tribunaux du Vatican qui jugeront. On opposerait
vainement, comme le fait la Cour d'appel de Rome,
que si vraiment la Papauté était restée en possession du pouvoir de créer des tribunaux, elle n'aurait
pas attendu dix ans avant de publier le *motu proprio*
qui a institué des Commissions judiciaires. Une si
longue abstention prouverait, d'après la Cour, que la
Papauté elle-même était convaincue de l'incompati-
bilité de sa juridiction et du nouvel état de choses.
Mais il y avait déjà des Commissions judiciaires au
Vatican. Le *motu proprio* de 1882 n'a rien créé : il a
seulement complété une organisation déjà existante.
Si même l'assertion de la Cour était fondée, le manque
prolongé de tribunaux au Vatican ne prouverait
pas que le droit d'en instituer dût être refusé à la
Papauté : une attribution de la souveraineté n'est
pas perdue, parce qu'elle n'est pas utilisée de suite.

APPENDICE.

LE PROJET DE LOI ALLEMAND DE 1885 (1)

Les juridictions inférieures allemandes s'étaient souvent reconnues compétentes dans des procès où des Etats étrangers étaient intéressés : pour éviter les complications que ces décisions judiciaires auraient pu entraîner, un projet de loi fut présenté en 1885. Adopté par le Bundesrath, il fut communiqué au Reichstag le 18 janvier 1885.

Il était ainsi conçu :

« Nous, Guillaume, par la grâce de Dieu, empereur allemand, roi de Prusse, etc., ordonnons au nom de l'Empire après assentiment du Bundesrath et du Reichstag, ce qui suit :

« Article premier. Après l'article 17 de la loi d'organisation judiciaire du 27 janvier 1877, il sera ajouté un nouvel article 17 ainsi conçu :

« Un Etat n'appartenant pas à l'Empire allemand et le chef d'un tel Etat ne sont pas soumis à la juridiction allemande.

(1) Nous avons consulté les *Verhandlungen des Reichstags*, 1884-1885. — *Anlagen.*, III, et le *Journal de Droit international*, 1885, p. 645 et suiv.

« La précédente disposition est applicable aux membres de la famille du souverain aussi longtemps qu'ils se trouvent en sa compagnie dans l'Empire allemand.

« La même disposition est applicable aux personnes de la suite du souverain et à leurs domestiques qui ne sont pas Allemands. »

« Art. 2. L'article 20 sera ainsi modifié :

« Les dispositions des articles 17, 18 et 19 ne changent pas les règles en vigueur sur la compétence réelle exclusive dans les procès privés. »

Le court exposé des motifs qui était joint au projet de loi mettait en lumière les motifs des décisions arbitraires des juridictions inférieures, les inconvénients qui pouvaient en résulter et les dispositions que le projet de loi fournissait pour y remédier.

La loi d'organisation judiciaire ne devait pas s'occuper des principes du droit des gens qui règlent la situation des personnes exterritoriales. Malheureusement, l'article 18 consacre le principe de l'immunité pour les ambassadeurs; et du silence de ce texte sur les gouvernements et sur les souverains étrangers, on pouvait conclure que l'exception consacrée au profit des ambassadeurs est unique et que les gouvernements et les souverains étrangers sont soumis à la juridiction des tribunaux allemands : telle est, d'après l'exposé des motifs, la cause des fréquentes erreurs des tribunaux inférieurs allemands.

De tels abus de juridiction qui méconnaissent les droits souverains des puissances étrangères sont de nature à rendre plus difficiles les rapports amicaux de l'Empire allemand et des autres puissances : il est donc nécessaire d'en éviter le retour.

Le projet de loi, continue l'exposé des motifs, doit donner satisfaction à ce besoin. Il exprime la pensée sous-entendue dans la loi d'organisation judiciaire, en appliquant formellement aux gouvernements étrangers et à leurs souverains, les prescriptions des articles 18-20 sur les personnes d'un caractère diplomatique.

Le projet de loi fut discuté le 7 février 1885 par le Reichstag : vivement attaqué par le député Rintelen, il fut défendu par le député Klemm et par M. Gutbrod, commissaire du gouvernement.

Le premier orateur fut d'avis, comme les rédacteurs de l'exposé des motifs, que la raison principale qu'on pouvait alléguer en faveur de l'incompétence des tribunaux allemands, était le danger des complications que la juridiction de ces tribunaux risquait d'entraîner. Mais il nia que cette raison fût juste ; si elle l'était, l'incompétence ne cesserait pas quand le débat porte sur un droit réel immobilier, car les inconvénients politiques sont aussi probables dans ce cas. Puis il soutint que l'incompétence conduit à des conséquences iniques; il faudrait, en effet, décider que si, ayant livré des canons ou des vaisseaux à un gouvernement étranger, la Compagnie Krupp ou la Compagnie Vulkan de Stettin, par exemple, n'étaient pas payées, elles ne pourraient pas saisir-arrêter les marchandises sorties de leurs ateliers qui se trouveraient encore dans un port allemand. D'ailleurs, M. Rinteien n'espère pas que la difficulté se réglera par voie diplomatique, car des négociations seraient bien peu efficaces si l'affaire en suspens intéressait une République comme celles de l'Amérique du Sud, où le Président change du jour au lendemain : une affaire de ce genre fut débattue devant le tribunal de Hambourg : il n'y eut pas de recours diplomatique possible parce qu'ignorant quel était le véritable président du Pérou, on ne savait pas avec qui il fallait négocier.

L'orateur termina en reprochant à l'exposé des motifs d'avoir dit que le gouvernement étranger pouvait se soumettre de son gré à la juridiction des tribunaux allemands, sans avoir décidé d'où résulterait cette soumission. Il pensait qu'on ne pouvait pas en admettre l'existence dans le cas d'une demande reconventionnelle ; car le gouvernement étranger est alors défendeur, comme dans le cas où une demande principale est dirigée contre lui.

Dans le discours qu'il prononça en faveur du projet de loi, le député Klemm insista sur deux points.

Il s'attacha d'abord à prouver que si l'incompétence des juridictions allemandes peut entraîner quelques inconvénients pour les particuliers, ils ne doivent s'en prendre qu'à eux-mêmes, car avant de contracter chacun doit s'éclairer sur la situation de celui avec qui il contracte.

Le précédent orateur se demandait comment un Etat étranger doit se soumettre à la juridiction territoriale : la solution de cette difficulté semble facile à M. Klemm. Il est d'avis que la soumission à la juridiction territoriale est soit formelle, soit tacite. C'est dans chaque cas particulier qu'il faut rechercher si on peut induire des circonstances l'intention de renoncer au privilège. Quant à l'hypothèse spéciale d'une demande reconventionnelle, le principe fondamental de la procédure allemande en cette matière, c'est la concentration du débat dans un seul procès. Le gouvernement étranger, en portant une demande devant un juge déterminé, se déclare prêt à laisser l'affaire se dérouler tout entière devant lui.

La même idée se retrouve dans le discours du
commissaire du gouvernement, Gutbrod. « L'Etat
étranger, dit-il, est libre de se porter demandeur ;
mais s'il le fait, ce sera avec les conséquences que les
lois de procédure attachent à une demande judiciaire : il pourra donc être attaqué dans une demande
reconventionnelle. » Le commissaire du gouvernement, après avoir exposé la doctrine des auteurs de
droit des gens, attaqua l'opinion de Rintelen qui ne
voulait voir aucune différence entre le *Fiscus* d'un
Etat allemand et celui d'un Etat étranger. Le principe de la souveraineté des Etats ne peut pas
être invoqué dans le premier cas, car ce principe
est conciliable avec la soumission d'un Etat à ses
propres tribunaux. Mais le commissaire du gouvernement s'attacha surtout à démontrer que le projet
de loi comblait une lacune des lois existantes. Il
reprit l'idée que l'exposé des motifs avait déjà émise :
le projet de loi n'a d'autre but que d'exprimer un
principe qui n'est pas explicitement consacré dans
la loi d'organisation judiciaire, mais qui est la conséquence nécessaire de certaines de ses dispositions.
Puis, examinant s'il y avait vraiment antinomie entre
le nouvel article 17 et le nouvel article 20, le premier parlant de juridiction (Gerichtsbarkeit), le second
de ressort (Gerichtsstand), il déclara qu'il ne pouvait

résulter de cette confusion de mots aucun embarras et que le sens évident était celui-ci : le gouvernement étranger est soumis à la juridiction territoriale dans la mesure où, suivant la loi, la compétence d'un tribunal s'étend aux questions réelles soulevées dans l'étendue de son ressort.

Sur la proposition de M. Rintelen, le projet de loi fut renvoyé à une commission de 14 membres. La commission se constitua le 10 février et tint quatre séances le 12 et le 19 février, le 6 et le 19 mars.

Les discussions recommencèrent, les membres de Bundesrath qui faisaient partie de la commission soutenant en général le projet de loi attaqué par les membres du Reichstag.

La commission ne fut unanime que sur un point : elle reconnut que le souverain avait droit à être exempté de la juridiction d'un Etat étranger ; mais on fit remarquer que l'immunité de juridiction du souverain a pour cause la courtoisie, et qu'on ne peut pas conclure du privilège du souverain à celui du gouvernement étranger.

L'opinion qui distingue selon que l'Etat agit ou non dans la plénitude de son pouvoir souverain ne fut pas universellement adoptée. On remarqua d'un côté que le gouvernement ne peut rien perdre de son caráctère souverain, parce qu'il contracte comme un particulier; de l'autre, au contraire, que cette distinction est admise par les jurisconsultes, et par les Etats allemands pour les questions litigieuses soulevées entre eux et des particuliers dans l'étendue de leur territoire.

La discussion s'engagea aussi sur l'opportunité et la nécessité de la loi nouvelle. Les commissaires qui niaient que le projet de loi vînt à son heure faisaient observer qu'il est grave de changer une loi aussi importante qu'une loi d'organisation judiciaire; pour que cela soit sage, il faut que l'application de la loi ait fait reconnaître son insuffisance; mais pour la démontrer, quelques cas isolés ne suffisent pas, même s'il a pu en résulter des difficultés avec d'autres puissances; si on admet qu'il serait désirable que la question fût réglée par une disposition législative, rien ne doit pousser l'Empire allemand à prendre l'initiative d'une mesure qui placera ses sujets dans une situation défavorable. Le projet peut être d'accord avec les principes de droit des gens aujourd'hui reconnus. Mais il faut prévoir que d'autres principes seront admis plus tard, qui ne concorderont plus avec le projet de loi : un tel changement sera sans doute précipité par l'extension toujours croissante de l'activité de l'Etat sur le terrain du droit privé. Il n'est pas opportun de consacrer par une loi un

principe qui bientôt peut-être ne sera plus vrai. D'ailleurs le besoin d'une loi se fait d'autant moins
sentir que la Reichsgericht n'a pas encore été
saisie de la question : il faut attendre ses décisions
qui suffiront à trancher le débat. Enfin l'adoption
du projet rendrait impossible l'emploi de mesures
de rétorsion contre les Etats qui n'admettent pas
les principes de droit des gens aujourd'hui reçus.

Les commissaires qui soutenaient l'opportunité
de la loi présentèrent d'abord les arguments dont ses
partisans s'étaient déjà servis devant la Chambre :
nécessité de combler la lacune existant dans la loi
d'organisation judiciaire, inconvénients politiques
qui pouvaient résulter des décisions arbitraires des
juridictions inférieures. Ils y ajoutèrent deux considérations : la situation de l'Empire allemand l'engage à prendre l'initiative du développement du
droit des gens; quant au manque de décisions de
la Reichsgericht sur la question, il ne prouve pas
que le besoin d'une loi nouvelle n'existe pas; les
jugements des autres juridictions peuvent conduire
à de fâcheux résultats, et une décision de la
Reichsgericht sera difficile à obtenir; car un gouvernement étranger ne voudrait pas, en épuisant
les voies de recours, se soumettre à la juridiction
allemande.

Pendant la discussion, quatre amendements furent proposés à la Commission.

Premier Amendement. — Article premier. — L'article 17 *a*, § 1ᵉʳ, sera ainsi conçu :

« Le souverain d'un Etat n'appartenant pas à l'Empire allemand n'est pas soumis à la juridiction territoriale. »

Art. 2. — Le § 3 de l'article 17 *a* sera supprimé.

Art. 3. — L'article 20 sera ainsi conçu. « Les dispositions des articles 17 *a*. 18 et 19, ne sont pas applicables quand, dans les questions civiles, la compétence réelle d'un tribunal est fondée. »

Art. 4. — On écrira dans la loi un nouvel article 21 *a* ainsi conçu : la juridiction territoriale s'étend aux États qui ne font pas partie de l'Empire allemand, si le litige à pour objet des droits relatifs à la fortune, et si l'Etat étranger à des biens dans l'Empire allemand ou si l'objet du litige s'y trouve à moins que l'Empire allemand et les Etats particuliers n'aient inséré dans des traités des dispositions contraires.

Deuxième Amendement. — Au § 4 du premier amendement sera ajouté : « Par biens » au sens de cette loi, il ne faut pas comprendre le matériel d'entreprises de transports dirigées par l'Etat étranger.

Troisième Amendement. — Le nouvel article 21

qui, d'après le premier amendement, sera ajouté à la loi devra être ainsi conçu :

La juridiction territoriale s'étend aux Etats qui ne font pas partie de l'Empire allemand, si le litige a pour objet le patrimoine de l'Etat, et si l'Etat étranger a des biens dans l'Empire allemand ou si l'objet du litige s'y trouve (Code de procédure, art. 24). Cette disposition n'est pas applicable quand, dans l'Etat étranger, l'Empire allemand ou un Etat allemand n'est pas soumis à une juridiction.

Quatrième amendement. — Le paragraphe suivant sera ajouté à l'article 21 *a* :

L'application des dispositions des articles 17, 18 et 19 pourra, en se conformant au droit de réciprocité, être restreinte ou supprimée par ordre du chancelier avec l'assentiment du Bundesrath.

Cinquième amendement. — Au § 1 de l'article 17 *a*, après le mot « soumis », on ajoutera « sauf dans le cas d'une soumission volontaire. »

Enfin, un dernier amendement qui complétait la disposition des amendements I, § 4, et III relatifs au nouvel article 21 *a* fut déposé : mais son auteur ne tarda pas à le retirer. Il était ainsi conçu :

« La juridiction territoriale s'étend aux Etats n'ap-

partenant pas à l'Empire allemand, dans les cas
prévus par les articles 25 à 27 (*forum rei sitæ* en matière immobilière), 22 (*forum* du lieu de l'établissement), 29 (*forum* du lieu de l'exécution de l'obligation), et 566 (en matière de lettres de change) ou
quand le gouvernement étranger s'est soumis à la
juridiction territoriale expressément ou tacitement.
La juridiction territoriale n'est pas applicable dans
la mesure où l'Etat étranger renonce lui-même à la
juridiction vis-à-vis de l'Empire allemand ou d'un
des Etats de l'Empire.

Dans la discussion soulevée par ces amendements,
les auteurs des amendements I et III invoquèrent
l'intérêt des créanciers allemands : reconnaître la
compétence des tribunaux allemands dans le cas
prévu par l'art. 24 du Code de procédure civile, disaient-ils, c'est le moins qu'on puisse faire.

En faveur de l'amendement II, on fit valoir que
l'intérêt public était intéressé à ce que l'exploitation
du service de transport ne fût entravée en aucune
façon.

Ces arguments ne parurent pas suffisants à tous les
commissaires. Les amendements I, II et III, pensaient
quelques-uns, sont contraires aux principes du droit
des gens, et tendent à changer la doctrine que les
tribunaux de conflit avaient sanctionnée dans la plus

grande partie de l'Empire. Quant aux inconvénients que l'incompétence de la justice allemande peut avoir pour les particuliers, il sera facile de les éviter au moyen de cautions ou d'autres sûretés : en outre, disait-on, l'exclusion de la juridiction territoriale serait compensée par une protection diplomatique plus efficace. La permission de saisir-arrêter la propriété du gouvernement étranger augmenterait beaucoup le danger de la rétorsion. D'ailleurs, on ne peut guère concevoir pourquoi l'agent diplomatique et le souverain étranger, d'après l'amendement I, § 1, seraient mieux traités que le gouvernement étranger lui-même.

A l'amendement I, § 4, on reprochait de ne pas être assez large. Il ne parle que des traités existants; ce n'est pas assez. Il faudrait considérer en outre la réciprocité qui résulte de la législation et de la jurisprudence d'un autre Etat. L'amendement III évite cette erreur. Sa formule est moins étroite; mais il forcerait le juge à examiner dans chaque cas particulier la législation et la jurisprudence de l'Etat étranger, et souvent le juge serait placé dans un embarras dont il lui serait difficile de sortir.

Les partisans de la compétence répondirent qu'il ne serait pas toujours possible aux contractants allemands de se garantir de tout dommage par des me-

sures de précaution : l'obtention d'une caution né-
cessitera souvent une instance préalable qui sera
précisément impossible. Les inconvénients que l'on
suppose à l'amendement III ne sont pas réels, car
aujourd'hui déjà, quand il faut établir des rapports
de réciprocité, le juge est forcé de s'éclairer sur la
législation et sur la jurisprudence des Etats étrangers.

Les partisans de l'amendement IV faisaient observer que le principe sur lequel est fondé le projet de
loi ne sera pas respecté par tous les Etats avec lesquels, ou avec les habitants desquels, l'Empire allemand ou un Etat du Bund peut contracter. Le gouvernement étranger ne voudra ou ne pourra peut-
être pas protéger contre ses propres entreprises ou
contre celle de ses sujets la propriété d'un Etat allemand. L'amendement remédiera autant que possible à ces inconvénients. Dès lors, grâce à la réciprocité, il existera un moyen de parer aux entreprises
injustes d'un Etat étranger, sans recourir à des
représailles : les difficultés qu'auraient pu entraîner
des rapports avec des Etats d'une civilisation peu
avancée seront évitées.

L'amendement V fut inspiré par le désir de dire
expressément que le privilège des gouvernements
étrangers cesse quand, soit expressément, soit tacite-

ment, l'État s'est soumis à la juridiction des tribunaux allemands. Les représentants du gouvernement rappelèrent que l'exposé des motifs reconnaissait expressément la possibilité d'une soumission volontaire : et que s'ils n'avaient parlé que du cas où l'Etat étranger se porterait demandeur, c'était à titre d'exemple. Cependant les membres de la commission ne jugeaient pas que l'amendement V fût nécessaire : car les mots « ne sont pas soumis à la juridiction territoriale » signifient seulement que le gouvernement et le souverain étranger ne peuvent pas être forcés de comparaître devant les tribunaux de l'Empire, et n'excluent point une soumission volontaire. Il en est de même pour les ambassadeurs : or la loi ne le dit pas expressément.

Pendant qu'elle délibérait, la commission reçut trois pétitions.

1° Une pétition des banquiers Buschwitz fils et Simon Lipman, de Berlin.

2° Une pétition de Gustave Bichschowsky, et Cie négociants à Breslau.

3° Une pétition de la Chambre de commerce de Breslau.

Ces pétitions insistaient sur la situation que le projet de loi ferait aux possesseurs d'obligations des chemins de fer autrichiens : la réalisation de leurs droits contre le gouvernement autrichien serait plus malaisée.

La première pétition demandait la suppression du projet de loi ; les deux autres, le changement du projet ; l'article 17 *a* n'aurait pas été appliqué quand le demandeur n'ayant pas contracté à l'origine avec le gouvernement étranger ne le poursuivrait que comme successeur des débiteurs primitifs.

Tous les amendements furent repoussés. La commission a aussi rejeté l'article premier du projet du gouvernement par 9 voix contre 4, et l'article 2 à l'unanimité.

Nous croyons qu'il faut regretter l'échec de ce projet de loi : il comblait une lacune de la loi d'organisation judiciaire allemande, et, à un point de vue plus général, il montrait la voie que tous les Etats devraient suivre. Car si une loi consacrait les principes du droit des gens qui s'opposent à la compétence des tribunaux nationaux, les particuliers qui veulent contracter avec un Etat ou avec un souverain étranger, prévenus par un texte formel que les tribunaux sont incompétents, ou bien s'abstiendraient de faire un contrat trop périlleux ou, s'ils passaient outre, ne pourraient pas porter devant les tribunaux nationaux la connaissance de procès

dont le résultat serait aujourd'hui, s'il leur était défavorable, de leur causer des frais et une perte de
temps inutiles, et, s'il leur était favorable, de pousser
l'Etat étranger à des représailles regrettables.

ERRATA

P. 4, l. 24, *au lieu de :* même un étranger, *lire :* même avec un étranger.

P. 7, l. 12, *au lieu de :* ne connaît pas, *lire :* n'admet pas.

P. 47, l. 3, *au lieu de :* qui lui a confié le pouvoir étranger, *lire :* qui lui a confié le pouvoir, il doit être soustrait à l'ingérence de toute autorité étrangère.

P. 69, l. 7, *au lieu de :* ainsi elle peut avoir, *lire :* ainsi elle ne peut avoir.

P. 86, l. 26, *au lieu de :* d'Espagne.. La cour, *lire :* d'Espagne, la cour.

P. 87, l. 1, *au lieu de :* confirme, *lire :* confirma.

P. 102, l. 11, *après :* Legato sancto, *supprimer :* non impuni.

P. 178, l. 1 et 2, *au lieu de :* exclusion des dettes stipulées par les deux poux : elle équivaut, *lire :* exclusion des dettes ; stipulée par les deux époux, elle équivaut.

TABLE DES MATIÈRES

DES RÈGLES DE COMPÉTENCE APPLICABLES AUX ÉTATS ET AUX SOUVERAINS ÉTRANGERS

14596 — PARIS. IMPRIMERIE F. LEVÉ. RUE CASSETTE 17.

www.ingramcontent.com/pod-product-compliance
Ingram Content Group UK Ltd.
Pitfield, Milton Keynes, MK11 3LW, UK
UKHW021216140726
13695UKWH00002B/586